日本料理

完全手冊

吃法　樂趣　禮儀

田村暉昭 | TERUAKI TAMURA
President of
Tsukiji Tamura

附錄：日本料理讀法
中日對譯

編者序

　　本中心所推出的日本系列叢書，以有系統的方式介紹了日本的社會、文化，並且以中、日文對譯的方式幫助讀者了解中、日文化的不同表現，相信可以有效地加快讀者的學習腳步，因此廣受各方好評，承蒙各界機關、團體、學校等採用成為指定用書，在此謹向讀者推薦日本系列第 5 冊「日本料理完全手冊」，本書出版的目的是希望讀者能藉由本書了解日本的飲食文化、風俗及禮儀，進而認同彼此文化上的差異，相信這樣可以減少許多不必要的誤解，擴大交流的層面。

　　提出這個構想之後，適逢日本 HAMANO 出版社及作者田村暉昭的欣然允許，同時並承蒙柏尹特國際企業公司總經理許文榮先生與翁千惠、張淑慧的幫忙與支持，使得本書得以在台順利出版，在此一併致謝。

　　作者田村暉昭為日本的料理世家，遠在昭和 22 年（1947 年）即由其令尊在東京開業，現在已經是日本料理的代表人物，所經營的高級日本料理「築地田村」料亭，不但是日本屈指可數的名店，同時享譽海外，且著書多數，田村先生在本書中告訴了我們許多日本料理界中從不示人的秘密，與大家分享，此份心意相信讀者讀過之後，一定可以了解。

除此之外，這本書也帶給我們不同角度的觀點，看看日本人如何詮釋他們的飲食文化，期能激發我們日常生活的靈感與創意，同時對於飲食上也能多充實一些禮儀，相信這不但可以豐富我們的生活，同時也可增添許多樂趣。

　　日本雖與我們同樣是使用碗筷的民族，但是在禮儀及作法上卻有其嚴格的要求及獨創性，這部分也特別值得我們借鏡。

　　最後，再次向所有協助並參與本書編輯的人員致上最高的謝意。

編者謹誌於
東漢日語文化中心

第3章　日本料理——基本のマナー　111

第4章　日本料理のいただき方

第5章　日本料理──箸のマナー　*209*

第五章 日本料理—使用筷子的禮儀 *209*

プロローグ

　東京でおこなわれたサミットに，イギリスのサッチャーさんが首相として出席なさったときですから，あれは何年前になるのでしょうか。日本料理での晩餐会で，各国首脳のみなさまが一番喜んで召しあがられたお料理が，なんと"胡麻どうふ"だったというのが，日本料理関係者のあいだでひとしきり話題になりました。

　親父の田村平治は，「外国のお方にはタコと，形があってもグニャグニャした料理は禁物やで」と，京都にいた若い頃に教えられたそうです。その教えを守り，私どものお

作者前言

　　在東京召開高峰會議時，當時英國前首相柴契爾夫人也以首相的身份出席，那是多少年前的事了；在日本料理的晩餐會上，據說各國元首最喜歡吃的料理竟然是「芝麻豆腐」，這件事一時成爲日本料理界的話題。

　　家父自小即住在京都，曾被教導過：「招待外國賓客時，絕對不可以提供章魚或有形狀但軟黏黏的料理」。因爲遵循此教誨，長時間以來，我的餐廳對前來的外國客人

店においでになる外国のお客さまにも，タコ，とろろ，葛
のあんかけ，それにとうふなどは，長らくお出ししません
でした。

　ところが，たしかあれはサミット開催前の春，親父はな
にを思ったか宗旨をかえ，親父自身も好きな春の一品，青
い竹串にさした"とうふ田楽"を，外国の方にもお出しす
ることにしたのです。するとどうでしょう。なかにおひと
りだけ，とうふ田楽がことのほかお口に合われたらしく，
「サイコー，スバラシイ」と絶賛なさってお帰りになられ
た方がいらっしゃいました。

　「外国の方に，湯どうふや冷奴で本当のとうふのおいし

〰〰〰〰〰〰〰〰〰〰〰〰〰〰〰〰〰〰〰〰〰〰〰〰〰〰〰

一直不曾提供過章魚、山芋漿《註：將山芋研磨，會呈白
色黏液狀》、葛粉漿勾芡和豆腐等料理。

　不過，應該是東京高峰會議前的春天，家父自己不知
想到什麼而改變原有的觀念，有一次，他把喜歡用來象徵
春天的一品「豆腐田樂（*toufu-denraku*）」提供給外國賓
客，這是一種用青竹籤串著豆腐，沾甜味噌醬烤食的鄉土
料理。結果，其中只有一位賓客讚不絕口，直對這道菜喊
著「味道真好、最高（*saikou*）！，太棒（*subarashii*）！」。

　後來，家父說道：「或許不久之後，就能讓外國人知

さがわかっていただけるのは，案外近い将来かもしれん
な。そうなったときが，日本料理の良さが世界中の方たち
から本当に理解していただけたときということや」

　親父は、“本当に”という語句にやけに力を込めて、そ
ういったものです。

　その親父から引き継いだかたちで、私が審査員をつとめ
させていただいていたキッコーマンさん主催の、在日外国
人による「しょうゆを使ったレシピー・コンテスト」で
も、年をおうごとに参加される方たちの日本料理への理解
が深まり、それはもう驚くばかりでした。

　最近の若い日本の方よりは、日本料理への舌がよっぽど

〰〰〰〰〰〰〰〰〰〰〰〰〰〰〰〰〰〰〰〰〰〰〰〰〰〰〰〰

道湯豆腐和冷豆腐的美味之處，屆時應該就是讓全世界了
解日本料理『真正的』優點的時候」，家父特別的使用了
「真正的」這個字眼。

　我繼承了家業，並有幸成為龜甲萬公司主辦的「外國
人醬油食譜大賽」的評審後，非常驚訝這些參加比賽的外
國人在這數年當中，對日本料理的了解已是與日俱增，有
著驚人的進步。

　看起來，這些外國人對日本料理的了解，比日本的年

肥えているのではないかと思うことも再三でした。

　料理人ほどいい仕事はない。
　料理屋ほどいい商売はない。
　私が物ごころついた頃からずっと，親父はこのふたつの言葉を口癖にしておりました。お客さまはおいしいお料理には必ず「ごちそうさま」，「ありがとう」とお礼をいってお帰りになる。お客さまからお金をいただいたうえに，お礼までいってもらえる料理人，料理屋ほど，この世に幸せな仕事や商売はないというのです。
　そして，親父から料理人，料理屋の幸せを聞かされ続け

＜＜＜＜＜＜＜＜＜＜＜＜＜＜＜＜＜＜＜＜＜＜＜＜＜＜＜＜＜＜＜＜＜＜＜＜＜

輕人還要道地，懂得品嚐。
　「沒有比料理師更好的工作」
　「也沒有任何事業比得上經營餐飲業」
　從我懂事以來，家父就一直在口頭上掛著這兩句話。這是因爲客人吃過好吃的料理後，一定會對廚師說「非常好吃」和「謝謝」才離去。這個世上再也沒有其他的工作或事業像廚師或經營餐飲業般，除了能收客人的錢，還能得到客人的道謝和讚美。
　身爲其子，從小家父即耳提面命的灌輸我經營餐飲事

て育った息子の私が，大阪高麗橋の吉兆さんで修業を始めさせていただくようになったのは昭和26年，西暦でいいますと1951年の10月のことでした。

吉兆の大旦那（湯木貞一さん）のもとでの修業の始まりです。料理人修業のコースどおりに，先輩たちから次々にいいつけられる用事に追い回されるので"追い回し"というのですが，料理人の位でいえば一番下のそこからスタートした修業で，大旦那から実に多くのことを教えていただきました。

大旦那は，名料理人，お茶人，そして美術品のコレクターでもあります。

～～～～～～～～～～～～～～～～～～～～～～～～～～～～

業是多麼的幸福，終於在昭和 26 年到大阪高麗橋的吉兆餐廳當料理的學徒，開始學習日本料理，換算成西曆應是 1951年 10 月的時候了。

在吉兆餐廳總管（湯木貞一先生）的手下開始入門修業，當時如一般餐廳廚房的學徒般，必須應付所有前輩交代的工作，做一些俗稱為「團團轉」的雜役工作。雖然修業上以廚師的等級來說，是從最低一級的基層做起，但的確從總管那邊受益良多。

餐廳總管湯木先生除了是位名廚師之外，也深諳茶道，且為藝術品的收藏家。

青白く，痩せ細った新入りの私に，

「これ，飲みなはれ」

と，栄養ドリンク剤をそっと手渡してくださるなど，すべてにわたってやさしくしていただきました。ところが，こと料理に関してだけは別。それは厳しいものでした。

あとになって，吉兆さんでの３年間の修業で，大旦那さんから教えていただいた最大のものはなんだったのか，と折にふれて思い返すことがあります。思い返すたびに，その教えが脳裏に甦ってまいりまして，こうしてはいられない，日本料理のためになにか私がいまできることはないだろうか，という思いに駆り立てられます。

　　他對新進餐廳、臉色蒼白、年輕瘦小的我非常照顧，不僅有時會悄悄地遞給我一瓶營養飲料要我喝下，對於其他事物也都非常的親切。但是只要與料理有關的事，卻是非常嚴厲的。

　　後來，有時回想在吉兆餐廳做學徒的三年內，總管教我最重要的事是什麼？每當回想之際，他的教誨就會浮現腦海，鞭策我不能如此打住，要再求精進，我常思考對於日本料理方面，還有什麼可以盡一己之力的地方？

大旦那が私に教えてくださった最大のものは，料理を愛すること。そのことだったのです。

　昭和62年に，『和食の約束事』をはまの出版より上梓<ruby>上梓<rt>じょうし</rt></ruby>させていただきました。日本料理のためにいま少しでもできることがあればやっておこう，という気持ちから始まった仕事です。幸い翻訳の方が英文をつけてくださり，和英両文の，外国の方にも読んでいただける本になりました。
　しかし，それから8年の月日が流れ，冒頭でふれましたように，外国の方の日本料理への理解はより深いものになっております。つい先日も，私の店でこんなことがあり

～～～～～～～～～～～～～～～～～～～～～～～～～～～～～～～～～～～～

　總管教給我最重要的啓示就是：「要喜歡並愛上料理」；就僅如此而已。
　昭和62年（1987），我寫的「與日本料理有約」一書付梓出版，這也是懷著為日本料理盡一分心力所撰寫的著作。同時這本書有幸也加上了英文的翻譯，印刷上並以日文和英文並列的方式，使外國人也能夠閱讀此書。
　但是，經過八年後，如前所述，外國人對日本料理的了解也已日漸深入。直到最近，我的餐廳發生了一件有趣的事。

ました。

　お座敷からさがってくる器はどれもきれいにカラ。その
たびに，料理人たちのあいだから驚きの声がいりまじった
どよめきが広がり，いつしか次のお料理もきれいに召しあ
がるかどうか，その結果を心待ちにするようになっていま
した。お客さまは外国の方です。

　外国の方の舌がもはやスキヤキ，ヤキトリ，スシ，テン
プラにとどまらず，かなり広範囲の日本料理を賞味するほ
ど肥えているのは，私も他の料理人たちも承知しているの
ですが，そのお客さまには大変驚かされました。

　日本人でも食わず嫌いが多い食べ物にも箸をすすめ，見

　　那一天從和室的客席上，所收拾的每一個餐盤都吃得
乾乾淨淨，令所有的廚師都很驚訝並讚歎不已，逐漸開始
好奇的注意接下來的料理是否也會一掃而光，進而有了期
待感。但是，我們意外發現這位客人竟然是個外國人。

　　我及其他廚師都知道，最近外國人對於日本料理的口
味都日益講究，不僅是壽喜燒火鍋、烤雞肉串、壽司和天
婦羅料理，而今更能夠品味出非常廣範的日本料理。雖說
如此，但我們還是被這位外國客人嚇了一跳。

　　以日本人來說，有的人對某些料理有著成見，不喜歡
的料理，筷子連碰也不會碰，但這位客人對任何呈上的料

事にたいらげるのです。その味覚たるや，日本人以上に日本人，といってもいいほどでした。

　すっかりうれしくなった私は，料理人に大きな声で命じました。

「あのお客さまにサービスで，鯛のアラ煮をお出ししな」

　さがってきた器は，"魚っ食い"という言葉がぴったりの，それは見事なものでした。

　その一方で，お座敷からさがってくる器を見ると，そのお料理でもっともおいしい部分を食べ残している日本人のお客さまが増えております。日本人ならばかつては当然知っていた日本料理のいただき方，味わい方が，どうもう

～～～～～～～～～～～～～～～～～～～～～～～～～～～～～

理都一掃而光，他的味覺可能比日本人還要道地。

　　看到如此「知味」的客人，我高興之餘，便大聲命令廚師：「做一分鯛魚骨湯，免費招待！」。

　　不久，看到回收回來的餐盤，也只能以「吃魚專家」來形容，令人印象深刻，使我大爲滿意。

　　但是另外一方面，從客席收下的餐具看來，有愈來愈多的日本人把一道菜最好吃的部分殘留在盤中。既是日本人，理應知道如何去吃日本料理，但實際上卻似乎沒有好好的傳承下來，這種不安的感覺，在最近數年逐漸在我心中蔓延開來。

まく伝えられていないような，そんな不安が，ここ数年間，私のなかで次第にふくらみ続けております。

　私どもは料理屋ですから，本来はお客さまのお好きなように召しあがっていただいて，それでよろしいのです。ただ，こうして召しあがっていただければ，日本料理のおいしさをより十分に味わっていただけることになるのではないかと，私なりに考えた日本料理の楽しみ方を，いま一度あげてみることにしました。

　前回同様，今回も外国の方にも日本の方にも読んでいただけるように，英文をつけていただきました。吉兆の大旦那から料理を愛することを教えられた私が，親父がいう日

　我經營餐飲業，原本只要客人高興的話，想要怎麼吃都無所謂。但如果換種吃法的話，是不是更能將日本料理的美味呈現出來呢？因此，我決定嘗試提出我個人的淺見，針對要如何品嚐日本料理，提供大家作爲參考。

　和上次一樣，爲了方便外國人士及日本讀者都能閱讀，這次在書中附上了中文。從吉兆總管身上學到「要喜歡並愛上料理」的我，同時也爲了讓全世界的人了解家父

本料理の良さが世界中の方たちにわかっていただけるその日のために，いまほんの少しでもできることがあればやっておきたいという，これも前回と同じ気持ちからです。

　この本を新しくするにあたり，私の知りたいこと，知らなかったことなどについて，私の友人，先輩方，企業の方々からアドバイスをいただきました。お礼申し上げます。

1995年２月24日　62歳の誕生日に記す

たむらてるあき
田村暉昭

〰〰〰〰〰〰〰〰〰〰〰〰〰〰〰〰〰〰〰〰〰〰〰〰〰〰〰〰〰〰〰

所指的日本料理的優點，這次也秉持和上次一樣的心情，盡一己綿薄之力。

　重新撰寫本書時，承蒙朋友、前輩和企業人士的協助，使我了解許多原本不知道的事物，謹此一併申謝。

記於 1995 年 2 月 24 日　62 歲生日

田村暉昭

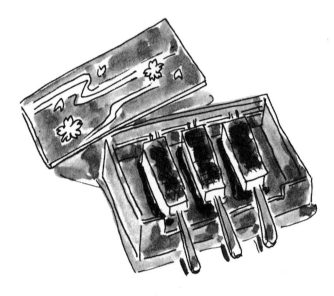

田 樂 豆 腐

第 1 章

日本料理は
どんな料理？

日本料理
  是怎麼樣的料理？

日本料理の３つのスタイル

　紅白かまぼこに数の子，きんとん，黒豆はふっくら仕上がっていましたし，ふきの青煮，くわいの白煮も申し分なしでした。

　調理場全員でかかったお重が，例年より得心がいくできあがり具合だったからでしょうか，この正月は，日本料理の伝統や，それをしっかりと支えている食材，そして，しょうゆ，酒，みりん，味噌，酢といった調味料などについて，あらためて考えさせられました。

　どこの国の料理もそうでしょうが，日本の場合も，長い

～～～～～～～～～～～～～～～～～～～～～～～～～～～

日本料理的三大類別

　　紅白相間的魚板旁，裝飾著金黃色魚子條及金團栗，且黑豆也發得圓飽飽的，加上青翠色的年蔬菜及白煮荸薺也是恰到好處，真是賞心悅目的令人沒有話說。

　　在料理場，全體人員各司其職而完成的年夜菜，置於黑色的漆木盒中，或許是大家比往年更下了工夫，因此才呈現了以上這麼好的演出。在這個新年當中，對於日本料理的傳統及讓它得以發揮的食材與醬油、酒、味霖《（ *Mirin*)·日本甜酒調味料 》、味噌、醋等的調味料，又讓我重新再做了番思考。

　　無論是任何國家，日本也不例外，從歷史上延續出

歴史からくる伝統の数々が, 今のお料理に生きております。
あなたが日本料理を何度か食べにいかれると気づかれるス
タイルの違いも, 伝統のあらわれの最たるものでしょう。

　現在の日本料理は, 大きくわけますと, 本膳料理, 懐石
料理, 会席料理, この3つのスタイルにわかれます。

　室町時代に, 日本式マナー・礼法がかたちをととのえる
過程で生まれてきたのが, 本膳料理です。ここにはこの料
理と, 定められた約束事にのっとって, 足付きの角膳にお
料理が並びます。

　おもてなしの重さによって, 一の膳（本膳）から, 二の
膳, 三の膳, よ（与）の膳, 中酒膳とお膳の数が増え,

來的各種傳統，也依然活生生的存在於今日的料理當
中。在數度享用日本料理時，你是否發覺形式上的差異，
也都是緣自於日本的傳統。

　　現在的日本料理，大致而言，可分爲「本膳料理
（ *Honzen Ryori* ）」、「懷石料理（ *Kaiseki Ryori* ）」、「會
席料理（ *Kaiseki Ryori* ）」的三大類別。

　　「本膳料理」是緣自室町時代（14世紀），於日
本禮法、禮儀成形的過程中所誕生。在這種料理中，將
「角膳」（將料理置於四方的小桌上）依照規定的禮
法，置於客人面前。

　　依照招待的輕重及場合，從「一之膳（ *Ichi-no-
zen* ）」到「二之膳（ *Ni-no-zen* ）」、「三之膳（ *San-no-
zen* ）」、「與之膳（ *Yo-no-zen* ）」、「中酒膳（ *Chu-
shu-zen* ）」而增加「膳」的數目，當然，小桌上料理的
品數也自然隨之增加。

そこにのっている料理の品数も当然多くなるというスタイルです。

今では，本格的な本膳料理は，地方の冠婚葬祭の宴でごくまれにであうぐらい。しかし，その後に誕生する会席料理は，この本膳料理がもととなって変化，発展したものですから，日本料理にとっては，本膳料理の伝統を忘れるわけにはいきません。

懐石，会席料理とは？

懐石料理は，空腹時に抹茶をいただくと，胃への刺激が強すぎるため，千利久によってその原型が作られたといわ

~~~~~~

現在，真正的「本膳料理」也只有在地方的婚喪、成年儀式及祭典的宴會上，才會偶爾碰到。但是之後誕生的「會席料理」，也是以「本膳料理」爲基本，再加以變化而成的。所以當提起日本料理時，是不可以忘記「本膳料理」的傳統。

「懷石」、「會席料理」又是什麼樣的料理呢？

「懷石料理」的緣由是：假如在空腹時飲用「抹茶」(*Matcha*)的話，會對胃太刺激，而由「千利久」氏 《 日本的茶道宗師（桃山時代・16 世紀）》創出其原型。這

れております。これは，お茶をおいしくいただくためのお
料理です。

　懐石とは，修行中の禅宗のお坊さんが，あたためた石を
懐（ふところ）に入れ，空腹をしのいだところからきております。

　献立は，一汁三菜を基本に，旬の材料をとり入れたも
の。お料理も含めて，お客さまを誠心誠意もてなすのが，
お茶事での亭主の心得です。このお料理は，お茶の席，も
しくは，今では懐石料理の看板を出す料理店で味わうこと
ができます。

　近ごろでは，懐石を“高級”と解釈してか，“そば懐石”
に“すし懐石”，“西洋懐石”といった看板も，ここ東京で

〰〰〰〰〰〰〰〰〰〰〰〰〰〰〰〰〰〰〰〰〰〰〰〰〰〰

原本是搭配茶道，而使其更能將茶的美味發揮出來的料
理。

　　所謂「懷石」的由來，是從修行中的禪宗和尚為了
強忍腹中的飢餓，而將溫過的石塊抱於腹中而得名。

　　菜單的構成上，基本是「三菜一湯（一汁三菜）」
再加上當令時節的食材。料理之外，以誠心誠意來招待
客人，那也是在茶亭之內招待客人的「亭主」所必須具
備的誠意。現在此種料理可在飲茶的席間，或是在懸有
懷石料理招牌的店裏品嚐得到。

　　在最近，或許是將「懷石」解釋成「高級」，因此
在東京常可看到「蕎麵懷石」及「壽司懷石」，甚至還
有「西洋懷石」等的招牌。

は目立つようになりました。

　さて，懐石と同音ですが，会席料理のほうは，お酒を楽しむためのお料理です。ご存知のように，江戸三百年の平和な繁栄のなかに，料理屋ができ，料理人も誕生し，接待に会合にと利用されるようになりました。

　それまでの料理のスタイルからいいところをとり入れ，やがて，独特の宴会料理である"会席"ができあがったというわけです。

　料理屋で生まれた会席は，本膳や懐石のように，厳しいといいますか，ともすれば窮屈にも感じられる膳組みや作法もなく，おいしさ本位で，くつろいで召しあがっていた

<hr />

　其次，與「懷石」同樣發音的「會席料理」是屬於酒宴時享用的料理。正如眾所周知的，在江戶持續三百年和平繁榮的時代中，產生了許多料理店，料理人（廚師）也隨之輩出，人們常在接待及聚會時利用這些料理店。

　之後，在當時的料理形式中，擷取好的部分，不久即成為獨特的宴會料理「會席（Kaiseki）」，這也是「會席料理」的由來。

　在料理店誕生的「會席料理」，不像「本膳」及「懷石」在作法上那麼地嚴謹、甚至可以感到有點執拗的配菜方式及作法。「會席料理」的先決條件是注重美味。同時是以比較輕鬆的方式來享受，這是最大的特徵。

だけるのが，最大の特徴です。

　時代の移り変わりで，お料理の世界は厳密な区別がなくなっていく流れにあります。たとえば，会席の自由な持ち味は国をも越え，中国料理の前菜のスタイルをとり入れ，それまでの"お通し"，"先付け"から"前菜"へと名前や形が変わり，それも定着してきました。

　伝統を生かしながら，これからもスタイルは変化，発展していくことでしょうが，現在，そしておそらく将来も，料理屋が出す会席料理が，日本料理のなかでもっとも一般的なスタイルであるのは，私自身の願いでもありますが，まぁ，まちがいないことではないでしょうか。

～～～～～～～～～～～～～～～～～～～～～～～～～

　　隨著時代的變遷，料理界也趨向不再有那麼嚴密的區別。例如說：在「會席料理」中，因為不拘於形式，而將美味超越國界，把中國料理中「前菜」的方式導入，而以前稱之為「開胃菜（ *Otoushi* ）」或是「先付（ *Sakizuke* ）」等的冷盤，現在也把其名轉稱為「前菜（ *Zensai* ）」，同時形式上也改變，進而也就以此為名。
　　一邊繼承著傳統，同時在形式上也隨時代的變化而發展，現在我預料將來料理店端出的「會席料理」，應是日本料理中最大眾化的方式。當然，這是我個人的願望，也應該不會錯。

日本料理の献立

　それでは，料理店に日本料理を食べにいかれたときに，どのような料理が出るか，献立をあげてみましょう。

　日本料理の献立の基本は，一汁三菜，つまり汁とお刺身，焼き物，煮物の三菜です。そこに，季節や料理店，お値段によってむろんちがってきますが，揚げ物，酢の物，蒸し物などが組み合わされ，西洋料理，中国料理に果物，甘味があるように，日本料理にも果物，甘味がついてコースは終わります。

　順序はだいたい次のようになると思います。

日本料理的菜單

　　接下來，舉幾個例子介紹前往享用日本料理時，會出現什麼樣的料理？

　　日本料理基本上的構成是「一汁三菜（三菜一湯）」，也就是「汁（*Shiru*・湯）」加上「刺身（*Sashimi*・生魚片）」、「燒物（*Yaki mono*・燒烤類）」、「煮物（*Nimono*・鍋煮類）」的三菜。當然依照季節、料理店及價格上有許多不同的構成，再加上「揚物（*Age mono*・油炸類）」、「醋物（*Su no mono*・拌醋小品）」及「蒸物（*Mushi mono*・清蒸類）」等做為搭配，也像西洋料理、中華料理一般，日本料理也同樣加上水果及甜點，來做套餐的結尾。順序大致如下：

①前菜　西洋料理でいうオードブル。酒の肴ですから，お
　酒をいただきながら召しあがってください。

②お椀物（汁）　西洋料理のスープ。

③お造り（お刺身）　鮮度のいい魚を生でいただきます。

④焼き物　魚や肉を焼いたものです。

⑤箸洗い　口のなかをさっぱりさせ，次に出るお料理をお
　いしくいただくために，小さなお椀で出るスープです。
　最近では柚子，木の芽，わさびなどのシャーベットが，
　お椀にかわって出るケースが多くなりました。

⑥揚げ物，蒸し物　天ぷら，かぶら蒸しなどが出ます。

⑦煮物　魚介，肉，野菜，乾物などを煮たものです。

1.　前菜（*Zensai*）：以西洋料理而言是「*Hors d'oeuvre*
　（前菜）」。因爲是屬於配酒冷盤，因此可以一面
　飲酒一面享用。

2.　湯類（*Owanmono・Shiru*）：就是湯。（如西洋料
　理中的湯）

3.　刺身（生魚片：*Sashimi・Otsukuri*）：用高鮮度的
　魚，以生魚片的方式食用。

4.　燒烤類（*Yakimono*）：是烤魚及肉類。

5.　箸洗（*Hashiarai*）：是爲將口中先清爽一下，並使
　後面的料理更能呈現出美味的小碗湯。最近則流行
　將柚子及木芽、綠山葵等做成冰泥，藉以替代湯類。

6.　油炸類（*Agemono*）或是清蒸料理（*Mushimono*）：
　會獻上天婦羅或是清蒸圓蘿蔔。

7.　鍋煮類（*Nimono*）：是煮海鮮、肉類、蔬菜或是乾
　貨類的燴煮料理。

⑧（酢の物）　料理がすんだあと，口のなかをさっぱりさせます。前菜として，あるいは途中で出るときは，煮物で終わりになることもあります。

⑨ごはん，汁物，香の物　ごはんにかわって雑炊，めん類が出ることもあります。

⑩果物　季節の果物が出ます。

⑪和菓子と抹茶　おしるこやくずきりのこともあります。

日本料理で大切な "五" という数字

　この献立をご覧になっておわかりになるように，一汁三菜の他に，揚げ物，蒸し物，酢の物と調理法のちがった料

～～～～～～～～～～～～～～～～～～～～～～～～～～～～～～～～

8. 　拌醋小品（*Sunomono*）：在享用過料理後，將口中清爽一下的小品。如果拌醋小品當成「前菜」或在中途端上時，套餐會在鍋煮類後，即告結束。

9. 　白飯、湯、醃泡菜：有時白飯會改為鹹粥或是麵類。

10. 　水果：季節水果。

11. 　和果子（日式小甜點）及抹茶（日式綠茶）：有時會端出紅豆湯或涼丸等。

日本料理中，「五」是個重要的數字

　當你在看日式菜單時，可了解到除了「一汁三菜」之外，也加上了油炸類、清蒸類及拌醋等許多不同調理方法的料理。

抹茶　紅豆湯

雞膾粥

醃醬菜

鍋煮料理

清蒸料理

水果

拌醋小品

燒烤料理

天婦羅
(油炸類)

湯

生魚片

前菜

(小菜)

典型日本料理套餐

理が加わっております。

　生（切る），煮る，焼く，揚げる，蒸す，を「五法」と
いいます。これは，親父の教えのひとつでもありますが，
日本料理の献立は，この「五法」に「五味」，「五色」，「五
感」を考えて立てなければいけません。

　五味とは，甘い，塩辛い，酸っぱい，にがい，辛い。

　五色とは，白，黒，黄，赤，青（緑）のこと。

　五感とは，視覚（見た目の美しさ），聴覚（音），嗅覚
（香り），触覚（温かさ，冷たさ），味覚（味）の五つです。

　つまり，日本料理のおいしさとは，味覚だけでなく，五
感で感じるものなのです。見た目においしそうで，箸がの

───────────────────────────────

　生（切）、煮、燒烤、炸及蒸稱之爲「五法」。這
也是家父所傳的料理要訣之一。日本料理的菜單，除了
此「五法」之外，也要在「五味」、「五色」、「五感」
上面下工夫。

　五味即爲：甜、鹹、酸、苦、辣。

　五色爲：白、黑、黃、赤、青（綠）。

　五感是：視覺（賞心悅目）、聽覺（料理的聲音）、
　嗅覺（香味）、觸覺（觸感：溫暖或冷度）、味覺
　（美味）。

　總而言之，日本料理美味的秘訣不單是僅止於味
覺，而是要靠五感來感受。看到時能感受到美味，使人
忍不住食指大動，這也是把料理以五色俱全的方式顯現
出來。

びるようにと，五色の色どりをそろえるようにします。

　香り，歯ざわり，のどごしの良さを味わう料理は，それを生かし，そしてなにより，熱いものは熱く，冷たいものは冷たく召しあがっていただくことが重要です。

　味が単調にならないように，献立には五つの味を入れ，品数が多いコースには，箸洗い，箸休め（口のなかをさっぱりさせるためや，変化をつけるために出すほんのちょっとした料理）などを加えます。

　このように，お料理に変化がつくように工夫されているのが，日本料理の献立なのです。

～～～～～～～～～～～～～～～～～～～～～～～～～～～～～～～～

　除了品嚐香味、口感與過喉的絕妙感之外，吃的時候「熱的料理一定要趁熱吃」、「冰的要冰」這種吃法也至爲重要。

　爲了使味道不至於單調，在菜單上也要分別加入這五種口味，在品數較多的套餐中，有時會加上「箸洗（*Hashi Arai*）」及「箸休（*Hashi Yasume*）」《讓口中清爽一下，或是讓料理有點變化時的小品》來做穿插。

　諸如上述，日本料理爲了在菜單上求變化，的確是下了許多工夫。

忘れてはならない "季節感"

それでは，献立に一貫して流れる日本料理の心はなにかといいますと，まず，"季節感"をあげなければならないでしょう。

日本の市場に，促成栽培や養殖の食材，加工食品が多く出まわるにつれ，日本の家庭料理のお惣菜から"季節の香り"が次第に失われていくのは，いたしかたありません。しかし，料理店が作る日本料理のもっとも大切なポイントといえば，やはり"季節のある材料"です。

日本料理の料理人は，茶道，華道のたしなみとともに，

決不可忘記的「季節感」

如果說在菜單中，流於其中並一貫而成的日本料理的「心」是什麼，在說明前，首先一定要提一下「季節感」這個觀念。

日本隨著人工促成栽培與養殖食材及加工食品的大量出現在市場上，因而不僅是日本傳統家庭料理，連具有「季節性香味」的料理也逐漸的消失了，當然這也是沒有辦法的事。但是在料理店中具有「季節性的食材」還是日本料理的重點。

日本料理的料理人（廚師），不但要精於茶道及華

絵の素養がなければいけないと，昔からいわれております。

　それまでは自己流で絵筆を握っておりましたが，俳画の薮本積穂先生のもとに入門し，正式に教えていただくようになって，15～6年ほどになりますでしょうか。

　先生のご指導を受けながら，巻紙に絵献立などを描いて店の仕事にも生かすうちに，親父や先人からの教訓としてではなく，私自身の内から"日本料理の真髄は季節感"という実感を持つようになりました。

　目には青葉　山ほととぎす　初鰹　　素堂

～～～～～～～～～～～～～～～～～～～～～～～～～～～～～～

道（插花），同時尚需具備繪畫方面的素養才行，這是自古以來即有的說法。

　我以前也是抓著畫筆「自成一流」，但拜入俳畫的藪本積穗老師的門下後，正式接受老師的教導也大概有15～16年左右了。

　一方面接受老師的指導，一方面活用在卷紙上描繪著菜單及插繪之後，我感銘到這些並不是家父或是先人的教訓，而是從內心之中已能漸漸地領悟「日本料理的精華即爲『季節感』」這句話。

　眼中映著初夏的新綠，聽著山中杜鵑快活的啼聲，
　加上新鮮鰹魚清雅的香味。　　素堂

これは，日本人ならば誰もが知っているといってもいい
ほど有名な俳句です。初鰹をいまかいまかと心待ちにする
のが日本人です。

季節感の楽しみ方にもいくつかありますが，日本料理で
いうならば，それは，"走り（初物）"，"旬"，"名残"とい
う３つの言葉に象徴されると思います。

"旬"は，たっぷりと豊かに肥え，脂ののった魚や野菜
の材料が，もっとも多くとれて出まわる時期のことです。
この時期にその素材を十分に味わいたいというのは，おそ
らくすべての日本人が持っている感覚です。

そして，もっと季節感を大切にする人が重要視するのが

〜〜〜〜〜〜〜〜〜〜〜〜〜〜〜〜〜〜〜〜〜〜〜〜〜〜〜〜〜〜〜〜〜

這是日本人皆知的有名「俳句（haiku）」詩，說明
了日本人在等待那五月鰹魚的心境。（註：彷彿中國人
在中秋等待大啖那澄陽湖的大閘蟹般的心情吧！）

在享受「季節感」料理的樂趣上也有許多方式，以
日本料理來說可用：「走（Hashiri）＝ 初物
（Hatsumono）」、「旬（Shun）」「名殘（Nagori）」
的三句話來做為象徵。

「旬（Shun）」是魚或青菜的盛產期及最豐腴、風
味最佳的季節。在這時節中，每一個人都希望能夠好好
的享用，大概這也是全日本人所共通持有的感覺吧！

"走り"。これは，出まわる時期に先駆けて，若々しい淡白な味で季節の訪れを告げるものです。

また，"終わり初物"ともいい，その年の別れを惜しんでいただく"名残"の素材もまた格別。

このように，一つひとつの材料にも，走り，旬，名残とそれぞれ異なる味わいを見いだすのが，日本人の特徴でしょう。

日本の食材，春夏秋冬

料理の素材は，日本では，その季節らしさをもっともよく演出するものです。

此外，更挑剔季節感的人重視的是「走（*Hashiri*）」、「初物（*Hatsumono*）」，這是在尙未盛產前，嶄新上市的食材，充滿新幼而淡泊的味道，也告知了這個季節的到來。

其他也有別樹一格的「名殘（*Nagori*）」，稱之爲『最後的初物』，也是年內最後的絕響，告訴我們明年再相逢，充滿了依依不捨的惜情。

如上述，雖然是相同的材料，如能以「走」、「旬」、「名殘」來各別品嚐的話，最能夠發現其不同的風味，這也可說是日本人的特徵之一！

日本的食材 春夏秋冬

料理中的各種食材在日本而言，是最能詮釋當令時節的季節感。

ここで少し，その季節の素材で，もっとも代表的と私が
考えるものをあげてみましょう。
　春の素材の代表といえば，タケノコです。
　細長い国土は暮れの12月，南の九州で"走り"よりもさ
らに早いタケノコを掘り出させます。これは「雪掘り」と
呼ばれ，高級料理店では"走り"の先どりとして使われま
す。2月ごろには，四国で掘り出される「寒掘り」，3月
に入りますと，タケノコの本場の京都や紀州で夜明けを
待って掘る，おいしい「朝掘り」が出まわります。
　このタケノコ，雨が降るとあっという間に育ちます。土
の上に穂先が見えたらすぐに掘り出し，米ぬかを入れて茹

　在此，再例舉一些最具代表性及我所想到的食材。
　譬如說，代表春天的材料是「竹筍」。
　狹長的日本國土在十二月底裡，比南九州的「走
（*Hashiri*）」更早的季節，就已開始在雪地中掘筍，這
稱之爲「雪掘（*Yukibori*）」，而高級料理店是要比「走
（*Hashiri*）」還要早便使用此等的食材。二月左右則是
使用在四國地方掘出的「寒掘（*Kanbori*）」；進入了三
月，則是使用竹筍盛產地京都或紀州的產品。這是在破
曉時分，將美味的竹筍掘出，稱之爲「朝掘（*Asabori*）」，
而大量販市。
　竹筍在雨後，往往在轉瞬之間就冒了出來。如看到
土中冒出筍尖，就要馬上掘出，再放在洗米水中煮。竹

でます。椀種，煮物，焼き物，揚げ物，すしの具にと，さまざまに使われ，まさに春を告げる素材です。

　夏は鮎。その西瓜のような香りに，私たちは夏を感じます。姿，味，香りの点で，日本料理では代表的な魚です。小さなときは，若鮎といわれ，甘露煮，酢だき，姿ずしとして前菜にとり入れられますが，やはり一番は“塩焼き”。“のぼり串”といって，魚が泳いでいるように処理して焼きます。

　味噌をぬって焼く魚田，鮎雑炊，内臓をとり出して塩辛に，また白子や真子の塩漬けも，珍味として喜ばれます。

　秋は松茸。強い芳香と風味を持ち，日本料理にはなくて

筍可使用在湯類或煮、燒烤及油炸上，甚至會用在壽司的材料之中，這也可說是真正告知春天到來的食材。

　夏天則是香魚「鮎（Ayu）註：此字爲日文漢字，非土虱魚」像西瓜般的香味，讓我們聯想到夏天。在外表、味道及香味上，都是代表日本料理的魚種。幼年的香魚稱之爲「若鮎（Wakaayu）」，也常使用在「甘露煮」、拌醋、姿壽司（壽司的一種）等的前菜之中。但是最美味的莫過於用來做「鹽燒」或「串烤」，料理的處理就如同魚還活生生的巡游在竹籤之上。

　也有把味噌塗於其上再燒烤，稱之爲「魚田」也有「香魚粥」，或是將內臟取出做鹽漬，此外還有其他的鹽漬方法，如「白子」及「真子」也深受喜愛，而被視爲珍味。

　秋天則是「松茸」，濃郁的香氣加上特殊的風味，

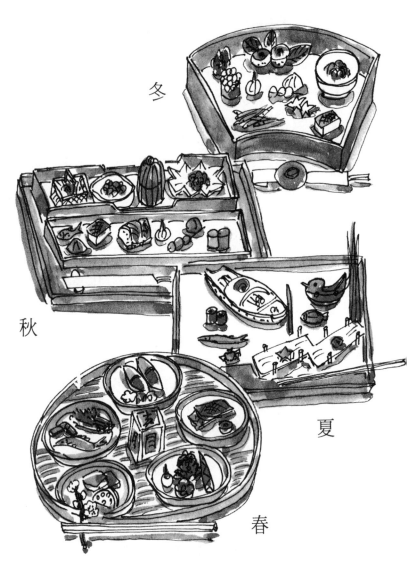

冬

秋

夏

春

賞心悅目的四季前菜

秋(紅葉)

冬(菊花)

醬油

夏(雪屋)

春(櫻花)

季節生魚片的擺設

はならないものです。焼いたり，吸い物にしたり，松茸ご
はんにしたりしますが，なんといっても土瓶蒸しが特に人
気です。土瓶蒸し用の土瓶も市販されていて，この松茸の
ためにだけあるような用具が存在することも，その人気を
象徴しています。

　冬は平目，ふぐ，ぶりです。

　なかでも，冬に日本料理店をもっとも賑わすのは，やは
りふぐでしょう。非常に美味ですが，内臓にはテトロドト
キシンという猛毒があり，取扱には免許が必要です。

　ふぐで代表的なのは刺身。ポン酢しょうゆに紅葉おろし
（唐がらしの入った大根おろし）とあさつきを入れたつゆ

是日本料理中所不可欠缺的。把它用來燒烤，做湯或是
做成松茸飯；但不管怎麼說，用在「土瓶蒸」是最受歡
迎的。現在「土瓶蒸」用具在市面上也到處可買得到；
土瓶也彷彿是因為「松茸」的存在而發明的用具，這也
說明了它受歡迎的程度。

　冬天則是比目魚、河豚及鰤魚(青甘魚)。

　尤其是在冬季，讓日本料理店熱鬧非凡的就是「河
豚」非常的美味，但是因為內臟含有劇毒，所以處理者
必須持有執照才行。

　河豚料理的代表是河豚生魚片，吃時沾點柚子醋、
紅葉蘿蔔研末（辣椒加上白蘿蔔末）及蔥花的沾料。

につけていただきます。中骨はから揚げにし、また“ちり鍋”もおいしいです。この白子も珍味。椀種にしたり、焼いたり、鍋に入れたりして食べます。

季節感を月々の季題とともに

日本には四季があります。さらに南から北にのびる細長い国土は、同じ材料でも、実に多彩で変化に富んだものを生み出します。仕入れをしていますと、これが同じ魚、これが同じ野菜かと、品質を含め、同じ材料でもそれぞれ個性があることに、毎日のように驚かされます。

そして驚かされるたびに、できれば本場の質のよいもの

中間骨肉則用來油炸，也可以做成海鮮鍋。同時，河豚的精囊（白子）也是非常美味，有時也可做爲湯的材料，或是用烤或放於火鍋內食用。

把季節感加在每月季節的主題之中

日本四季非常分明，此外由於國土是由南到北延伸呈細長狀。因此，雖然材料相同，但實際上有著多采多姿的樣式及富於變化；在採買時，雖說是一樣的魚或是青菜，不僅僅是品質不同，即使是相同的材料也都各有其獨特的個性，往往會令人歎爲觀止。

在驚歎之餘，每一次都會爲了盡可能地採購真正產

をと産地にあたり、市場をまわり、材料の仕入れに力を注がなければならないという思いに駆られます。

　日本料理の献立では、同じ材料を２度使ってはいけないとされております。例外は、出まわるのがほんの短い時季の鮎、松茸、それにタケノコぐらいでしょうか。

　他の材料については、同じ献立のなかで重ねて使えず、いきおい数多くの種類の材料を用いなければなりません。それが、私たちが仕入れに力を注ぐ理由のひとつです。

　さて、日本にはそれぞれの土地の気候風土によって、いろいろな名産の品々があります。私の親父は、昔から３里（12キロ）四方の物を食べていれば、健康に過ごせたもの

〰〰〰〰〰〰〰〰〰〰〰〰〰〰〰〰〰〰〰〰〰〰〰〰〰〰〰

地的產品，及較好品質的食材上煞費苦心，每每在市場中四處挑選，也都是基於為了採購上等材料的想法所驅使。

　日本料理的套餐中，有個慣例是：相同的材料決不使用２次。例外的僅有產期較短的香魚、松茸、竹筍而已。

　關於其他材料方面，在同樣的菜單（套餐）中，決不重複使用，而是使用各種鮮度高的材料，這也是為什麼我們那麼費力去重視採購的原因。

　日本也因為各地的風土、氣候的不同，而有各式各樣的名產。家父以前也常說只要吃遍三里（１２公里）

だとよくいっておりました。

　現代では，本来ならばその土地に行かなければ食べられ
ないようなものも，輸送力の発達によって簡単に手に入る
ようになりました。ボストンのマグロ，ヨーロッパのキャ
ビア，フォアグラさえも手に入ります。

　戦後すぐ，お客さまに季節はずれのものを出して，お叱
りを受けたこともありましたが，温室の野菜などが発達
し，四季のあらゆるものが手に入る時代だからこそ，私ど
もの店では，なんとかお客さまに季節感を味わっていただ
こうと，季題，それも月ごとに考えたものを基本にして，
献立作りをしているのです。

＜＞＜＞＜＞＜＞＜＞＜＞＜＞＜＞＜＞＜＞＜＞＜＞＜＞＜＞＜＞＜＞＜＞＜＞＜＞

四方的東西，那麼就自然會過得健康愉快。

　　在今日，本來不到當地是絕對吃不到的材料，也因
爲運輸能力的發達，現在要買也非常簡單。例如今天波
士頓的鮪魚、歐洲的魚子醬及鵝肝醬也可輕易的到手。

　　剛結束戰爭後的時代，如對客人端出不合時令的食
材，有時還會遭到責罵。現在由於溫室栽培的青菜也很
發達，加上四季的任何食材都可輕易到手的情況下，我
們店裏還是想盡辦法讓客人能夠品嚐到「季節感」，因
此設定有「季題（季節的主題）」，同時也基於每個月
的特定主題，來構思菜單。

すると、毎年かならずその月になると、「これを食べにきたんだ」とおっしゃってお見えになる方も増えてきました。そして、ある月のお料理を気に入られたお客さまが、後日お知り合いの方を連れていらしてくださり、「○○をこの方に食べさせたくてきたのに、今日は出ないのか」とお叱りを受けたりすることもあります。

このような場合には、「先日の○○をもう一度出すように」とご予約の際におっしゃってくだされば、私どもではなんとかご希望にそうことができるのですが……。

いずれにしろ私どもの店では、日によっても若干献立は変わりますが、この季題をもとに、その月々の季節感あふ

　如此的話，每到了某個月都會增加一些「我是爲了吃此種料理而來」的客人。

　但偶爾甚至有非常中意某樣料理的客人，日後又帶著朋友來捧場時說道：「我今天是特意帶他來吃的，爲何今天沒有呢？」反遭到客人責難的例子。

　像這種場合，如果在預約時能夠先告知「像上次一樣的料理」的話，我們也會想辦法遵照客人的希望來做。

　不管怎麼說，我們的店會依日期而改變若干的菜單，當然也會配合這個季節的主題及適合各個時令的料

れるお料理をお出しします。そして毎年そのなかにほんの少しずつ新しい素材や組み合わせをとり入れつつも，中心となる献立は，やはり変わらないといえましょう。

素材のおいしさを生かす心づかい

　季節感と同じように大切なもうひとつの日本料理の基本，それは，「食材そのものの味を生かすこと」です。つまりおいしい素材を，その素材にもっとも合った調理法で料理し，お客さまに召しあがっていただくのが日本料理です。

　魚を生で食べる文化を持つ日本人。その日本人が作り出した日本料理ですから，なにごとにも新鮮さをいの一番に

理。然而，每年雖會在組合上再加入新的素材及變化，但菜單的中心構成是不變的。

為了發揮食材美味，所用的心思

　與季節感一樣重要，日本料理的另一個重要原則是「把食材的原味發揮到極致」。那就是依照食材的原味，再配合此種食材的最佳調理法，來讓客人品嚐，這才是日本料理。

　將魚以「生」的方式來食用的日本人，也因爲是日本人所做的日本料理，不管怎麼說鮮度是最重要的。

私が選んだ味の歳時記(季題)

春

	(花)	(魚)	(野菜)	(果物)
3月	桃	にしん	フキノトウ タラの芽	いちご
4月	桜	鯛	タケノコ よもぎ	いよかん
5月	菖蒲 <small>しょうぶ</small>	あいなめ 鮎	新牛蒡 <small>ごぼう</small> きゅうり 茄子 <small>なす</small>	びわ

夏

	(花)	(魚)	(野菜)	(果物)
6月	鉄せん	太刀魚 鮎	青梅 かも茄子 実山椒	さくらんぼ
7月	青紅葉	すずき こち 鮎	さつまいも かぼちゃ 冬瓜	いちじく
8月	桔梗 <small>ききょう</small>	海老 <small>えび</small> はも	青瓜 石川芋 根芋	西瓜 <small>すいか</small>

秋

	(花)	(魚)	(野菜)	(果物)
9月	すすき	さんま	オクラ こかぶ 松茸	ざくろ
10月	菊	いわし	くり 秋茄子 ぎんなん	ぶどう
11月	ぼたん	甘鯛	しめじ 春菊 海老芋	柿

冬

	(花)	(魚)	(野菜)	(果物)
12月	福寿草	平目	百合根 白菜 柚子	みかん
1月	松竹梅 寒椿	あんこう	堀川牛蒡 甘草 きんかん	三宝甘
2月	梅	ぶり	大根	りんご

我所選味道的歲時記（季節的主題）

春	（花）	（魚）	（青菜）	（水果）
3月	桃	鯡魚	蔬菜的莖 蔥穗的芽	草莓
4月	櫻	鯛魚 （加納魚）	竹筍 艾草	橘子
5月	菖蒲	小海鰻	新牛蒡 香魚 茄子	枇杷 黃瓜
夏				
6月	鐵扇樹	白帶魚 香魚	青梅 加茂茄子 實山椒	櫻桃 （產地名）
7月	青楓葉	鱸魚 牛尾魚 香魚	地瓜 南瓜 冬瓜	無花果
8月	桔梗	蝦子 海鰻	青瓜 石川芋 根芋	西瓜

秋	（花）	（魚）	（青菜）	（水果）
9月	秋芒	秋刀魚	秋葵 圓蘿蔔 松茸	石榴
10月	菊	沙丁魚	栗子 秋茄子 銀杏	葡萄
11月	牡丹	甘鯛 （馬頭魚）	金菇 春菊 京都芋	柿子 （茼蒿菜）

冬				
12月	福壽草	比目魚	百合根 白菜 柚子	蜜柑
1月	松竹梅 茶花	燈籠魚	堀川牛蒡 甘草 金柑	三寶柑
2月	梅	青甘魚	白蘿蔔	蘋果

考えます。つまり，生で食べるものが新鮮なのは当然のこと，たとえ火を通す食材でも，新鮮さを特に重要視して仕入れます。

さらに，その食材を調理するときも，二度にわけて調理したり，調味料を数回にわけて入れたりといった工夫をします。煮物なども，下煮といって，煮汁を沸騰させないようにして煮，一度さまして，もう一度煮ることをします。そして，姿かたちもできるかぎりくずさないようにして，最後にもう一度味を整えるのです。

このように細やかな心づかいをするのも，その素材のおいしさを十二分に生かすのが，日本料理の心であるからで

當然生食的鮮度是非常重要，就算需要加熱的食材，採買上也需要特別注意鮮度。

此外，在調理食材時，有時會分做 2 次處理，或是將調味料分做數次放入等，先做各種不同的事先處理工夫。煮東西時也有稱之爲「下煮（*Shita-ni*）」的作法，先將煮汁煮到不至於沸騰，待冷卻後再煮一次。最後，盡可能不破壞原本的形狀，最後再調整一次味道。

如此用心的處理，也是爲了將素材原本的美味，能夠全部都發揮出來，這才是日本料理的「心」。

す。当然，素材そのものの味を生かすため，いっしょにいただく味噌やつけ汁のほうを工夫する場合もあります。

　たとえば，茄子田楽などの味付けは，素材をシンプルな味に仕上げておいて，その上に調味した味噌をかけます。さらに，そこにケシの実，木の芽などをのせ，香りを加えるといった具合です。

　香辛料なども，調理の際に入れてしまうより，シンプルに調理されたものの上に最後にのせて，香りを楽しんでいただくのが日本的でしょう。

　お刺身のしょうゆでも，素材によって，みぞれ（大根おろし），梅肉ポン酢，肝しょうゆ（魚の肝としょうゆを合

～～～～～～～～～～～～～～～～～～～～～～～～～～～～～～

　當然，有時爲了將味道更呈現出來，會在味噌及沾料上下工夫。

　譬如說「茄子田樂」這個料理的調味，是先將食材以簡樸的味道呈現出來，接著在再加上調味的味噌。有時也會加上芥子及木芽（如香椿芽）等，增加其香味。

　在「刺身（生魚片）」的醬油方面，也會因爲食材（魚）的不同，而配上白蘿蔔的研末或是梅肉柚醋，肝醬油（魚肝及醬油的調味料）或生薑末醬油等的沾料。

わせたもの)，しょうがじょうゆ，と工夫します。

　つまり，基本的には，味を必要以上につけたり，素材の形をこわして，もとがなんだったのかがわからないような料理に仕上げることは，日本料理では一部の例外を除きタブーです。たとえば，大豆の良質なたんぱく質，油脂を含み，カルシウムもたっぷりのとうふ。このとうふは，夏は冷奴，冬は湯どうふが最高でしょう。

　とうふには，焼いたり，くずしてあえごろもにするなど，さまざまな利用の仕方がありますが，「なんといっても一番おいしいのは水に浮かんだとうふだ」と，親父もよくいっておりますし，私もそうだと思います。

〰〰〰〰〰〰〰〰〰〰〰〰〰〰〰〰〰〰〰〰〰〰

　　總而言之，基本上把味道調製得太濃或是破壞原有的形狀，使其變成不知道原來是長的什麼樣子的做法，除了一部分的例外，以日本料理而言是一種禁忌。舉例來說，豆腐是從大豆製成，有良好的蛋白質及油脂，鈣質的含量也很高。豆腐在夏天可製成「冷奴（*Hiya-yakko*）」（冷豆腐）；冬天則可以做成「湯豆腐（*Yudoufu*）」（湯燙豆腐），這可真是人間美味。

　　豆腐也可以用來做煎烤、剁碎、攪拌或包裹其他食材，而有各式各樣的料理方法。「不管怎麼說，浮在水中的豆腐是最好吃！」家父也常常喃喃的說道，我也是

「なんの変哲もない料理法だ」といわれるかもしれませんが，本当においしいとうふで作った冷奴，湯どうふを一度お食べになると，きっとわかっていただけると思います。

熱いものは熱く，冷たいものは冷たく

西洋料理では，あたたかいお料理は，お皿も熱いくらいにあたため，ボーイさんも「熱いですから」と注意してくれます。また冷たいものは，冷蔵庫に入れて冷やしているようです。日本料理でも，お料理はもちろんのこと，お皿にいたるまで，熱いものは熱く，冷たいものは冷たくしてお出しするのが基本です。そして，そのきまりは，西洋の

　　　　　　　　　　　　　　　　　　　　　　　　　　

這麼想。有人或許會這麼說：「這不是成為沒有變化的料理了嗎？」但如果你嚐到了用真正好吃的豆腐做成的冷豆腐或是湯豆腐的話，那一定會知道我說的準沒錯。

熱的要熱，冷的要冷

在西洋料理之中，熱的料理是把餐盤先燙過後再使用，同時餐廳人員也會提醒客人：「很燙，請小心！」如果是冷的，則放進冰箱先冰起來。日本料理也是一樣，不僅是料理連器皿也需先加熱，讓熱的料理熱騰騰；冷的則先冰起來後再端出，這也是料理的基本原則。以日

それより厳しいものかもしれません。

日本料理では、あたたかいお椀物を出すお椀も、やかんから熱い湯を入れ、前もってあたためます。私が若いころ、あまり早くから湯を入れて、よく叱られたものでした。

かつては、焼き物や煮物の器なども、湯をはった桶に入れてあたためていましたが、最近では"温蔵庫"(日本軽金属製の"インフラール")を店の各階に置いてあたためるようになりました。他店では料理を盛り、器ごとあたためてお出しすることもあるようですが、私どもの店では器のみ入れています。

温度を70度、40度と2段階にわけて、料理の内容を考慮

〰〰〰〰〰〰〰〰〰〰〰〰〰〰〰〰〰〰〰〰〰〰〰〰〰

本料理的規矩來說，說不定比西洋料理還要來得嚴格。

在日本料理之中，以湯碗來說需先用茶壺的熱水先燙過後才使用。我在年輕時，往往太早就放進熱水使得水變冷了，還因此常常受到責罵。

以前，都先將燒烤類的餐盤及器皿先放在熱湯中加溫，最近因為日本有賣一種「溫藏庫」，可以設置在店裏的各樓層中。有時其他店會先把料理放在盤中之後再整個加熱，但是我的店中只有用來加熱器皿而已。

溫度則設定為70度及40度的二種類別，同時先

しながら器をあたためます。これで大切なお湯をどんどん流しっぱなしにすることもなくなりました。お客さまのなかには，「これは普通の店のあたため方とちがいますね」とおっしゃって，私たちを喜ばせてくださる方もいらっしゃいます。

冷たいほうでは，大きめの冷凍庫，冷蔵庫を設置して，お刺身や果物，果物皿を冷やします。そして調理場では一生懸命その温度に合わせて調理しています。

このような料理人の気配りを，手で感じ，目で見て，舌で味わっていただければ最高です。私も他のお店にうかがったときは，お皿が熱いか，常温のお皿か，とついつい

考慮料理的內容後再燙器具。如此一來，也不會一直讓寶貴的熱水流失，客人也常常誇讚說：「此種方法與一般店的加熱方法大不相同」，聽到客人的讚美也使我們覺得非常高興。

如果是冰的，則可設置稍大型的冷凍庫或是冰箱，來冰生魚片及水果或是水果盤。然後在調理場方面，則是非常注意溫度，迅速地做處理。

料理人如此這般的用心，用手來感觸、用眼來看、用舌來嚐，才是最佳的方式。我在拜訪其他店時也常會犯上老毛病，忍不住摸摸看及注意盤子是否夠熱，亦或只是常溫的盤子。

気にしてしまうこのごろです。

　当たり前のようで案外できていない，この"熱いものは熱く，冷たいものは冷たく"という料理の原則。ここにも大切な日本料理の基本があります。

日本料理の演出——和室を楽しみ，器に目を向ける

　現代では，日本料理店には和室（お座敷）とテーブル席とがありますが，戦前や戦後すぐには，一流店といわれるお店は，お座敷のみでした。

　おいしい日本料理をいただきながら，たっぷりと季節感や日本情緒を味わいたい——そんな方々には，やはりテー

　雖說這些僅是一般的常識，但是，「熱的一定要熱」「冷的一定要冷」、在日本料理中往往是被忽略掉的一個非常重要的基本原則。

欣賞日本料理的演出 — —
享受和室的雅致及悅目的餐具

　在現代，日本料理裏有和室（榻榻米式）矮桌及普通的高桌方式。但是，在二次大戰前及剛戰後的時代，一流的店卻只有和室。

　若有人想一邊享受美味的日本料理，一邊吟味著季

ブル席よりも和室がよろしいかと思います。

　床の間のかざり，掛け軸，季節の花を活けた花入れ……
それらをぜひ楽しんでいただきたい。お部屋に入られた
ら，まず床の間の近くに座り，画，花入れを鑑賞してから
席に着くと優雅です。

　しかし，和室は気軽に食べられる雰囲気ではない，と
おっしゃる方には，テーブル席でも十分楽しんでいただけ
ると思います。テーブル席が和室よりもサービスが落ちる
のかといえば，そんなことは全然ないからです。

　実際，高級イメージのあった日本料理も，海外で食べ歩
きをなさる“グルメ”の方々が増えるにつれて，テーブル

節感及日本式的氣氛，那麼我想還是推薦利用「和室」
較爲合適。

　　進和室時，請一定要欣賞一下房間內的裝飾及掛軸
加上以季節花卉所裝飾的花具。如您進入和室後，可先
去坐在和室旁懸掛繪畫及花飾的地方（床間）；先駐足
欣賞之餘，再緩緩入席。如此的話，是顯得多麼的優雅。
但有人認爲在和室裏用餐無法放輕鬆，同時氣氛也較凝
重時，那就可以選擇一般的高桌。或許有人會說，一般
高桌的服務會較差，但完全沒那回事。

　　實際上，原本有著高級感的日本料理也因爲有許多
美食家常到海外「覓食」的關係，現在以較高的桌位來

席でいただくことに，あまり違和感がなくなってきました。そして，レストラン側も，気軽に召しあがっていただくため，テーブル席を作るようにもなっていったわけです。

　私どもの店も，10数年前に7階建てのいまのお店に作りかえるときに，もしダメならお弁当（会議などの出前用）を準備する部屋にでもと思ってテーブル席のスペースをもうけましたが，3年目くらいから昼食，夜席とも気軽に楽しめるということで，ご好評をいただくことになりました。

　お座敷では，私ども男性が接待することはできませんが，テーブル席ではときおりお料理をお運びしながら，お客さまの目的，つまり親しい方同士のあつまりなのか，法

ⵙⵙⵙⵙⵙⵙⵙⵙⵙⵙⵙⵙⵙⵙⵙⵙⵙⵙⵙⵙⵙⵙⵙⵙⵙⵙⵙⵙ

享受日本料理，在今日也沒有什麼異樣的感覺了。此外，餐廳爲了使客人能夠以更輕鬆的心情來享用，也逐漸設置有一般的高桌。

　我所經營的店，也在十幾年前開始裝修現在七層樓的店面時，也想到萬一不行的話，就把房間改爲準備便當用的房間（開會或是外送服務時），而在其中設置一般的高桌。從第三年開始，因爲午餐及晚餐都可以很輕鬆的氣氛來享用，漸漸的受到好評。

　如果是和室，像男性就不能前去招待；而高桌時，我們也可幫忙遞上料理，或詢問客人宴會的目的；是親

事か，なにかのお祝いかなどを見ながら，献立を少し変え
たり，器を変えたりして，一段と雰囲気を盛り上げてさし
あげることもできるのです。

　つまり，和室でもテーブル席でも，お客さまに楽しくお
食事を召しあがっていただくため，料理屋はできるかぎり
のサービスをするというわけです。、

　また，どちらのお席にせよ，食事をする際には，器にも
ちょっと目を向けてみてください。料理人は，魚河岸に買
い出しに出かけ，魚の選別をしているときにも，どの器に
しようかと頭のなかで考えているものです。

　さらに，器を買う折にも，こんなお料理，こんな素材を

朋好友的聚會呢？還是法事後的謝宴、或是喜宴，我會
一邊了解並一邊將料理及餐具方面稍加改變，而使客人
用餐的氣氛更加熱烈。

　這也說明了不管是和室或是高桌，為了使客人能更
愉快的享用料理，我們也盡可能的提供最完善的服務。

　此外，不管是什麼樣的桌位，在用餐之時，不要忘
記稍微觀察一下器皿。因為料理人到魚市場上採購及選
魚時，早已在頭腦中思考要使用哪一種餐具了。

　再加上，我們在購買餐具時，會先想像這是配合什

盛りつけたらどうだろうか，また季節はいつごろがいいだ
ろうか，などと想像します。

　シンプルで美しい器というものは，少し盛っても，逆に
たくさん盛りつけても，スッキリとしておさまりがいいも
のです。このような器は，なかなか数が少ないのですが，
色，大きさ，絵付けなどを見ながら，私たちは常に慎重に
器を選んでいます。

　そして，献立を考える際には，一人前か，盛り込みか，
また，前後の料理のバランスも考えながら器を選びます。
日本料理を楽しむときには，この器にも少し目を向ける
と，一段と趣が感じられるはずです。

<hr />

麼樣的料理，及如果配上此種食材會是怎樣的搭配？同
時會先想像這種餐具適合什麼樣的季節。

　簡單而雅致的餐具不論是盛一點或是份量較多
時，都顯得非常出色而有安定感。但是像這種出色的器
皿，總是不多。我在選擇器皿及大小、圖案顏色時，都
會再三的端詳，因爲選擇器皿是一件非常慎重的事。

　此外，在決定菜單時，也要同時考慮到是一個人享
用，或是份量較多的場合及料理前後的均衡之後，才來
選擇適合的餐具。

　如您在享用日本料理時，能將注意力稍微轉向餐具
的話，相信更能提高用餐的樂趣哦！

第2章

日本料理の
調味料

日本料理中的調味料

甘いものは甘く，辛いものは辛く

　西洋料理や中国料理になじんできた方が，はじめて日本料理店に入って不審に思われることは，調味料の類がいっさい置かれていないテーブルの風景かもしれません。

　西洋料理のテーブルには，必ず塩，胡椒が用意されていますし，中国料理の卓にはしょうゆや酢，溶き辛子，ラー油などがのっています。お客さまはそれらを使い，自分の好みの味にして召しあがるわけです。

　ところが，日本料理店のテーブルには調味料は用意されておらず，お刺身につけるしょうゆなども，小皿にすでに

甜的東西要甜，鹹的東西要鹹

　　對吃慣西洋料理或中國料理的人來說，第一次踏進日本料理店，最先感到不可思議的地方，應該是餐桌上看不到任何調味類的東西。

　　在西洋料理的餐桌上必定準備有鹽巴及胡椒粉，而在中國餐廳裏的桌子上也會放置醬油、醋、黃芥茉、辣油等調味料。這是爲了方便客人們添加自己喜好的口味而擺設的。

　　但是，在日本料理店的餐桌上就沒有準備調味料，

注がれたかたちで出てくるのがふつうです。

　料理そのものについて"完成品"としての意識が高い，といったらよいのでしょうか，お客さま自身は味をご自分で加減せず，料理人が仕上げたものをそのままいただくところが，西洋料理や中国料理との大きなちがいでしょう。

　さて，そうしてはじめて日本料理を口になさってみての感想はどうでしょうか。おそらく，西洋料理や中国料理を食べなれた方は，日本料理は総じて"うす味"という第一印象を持たれるはずです。

　このうす味という印象は，日本料理が材料の持ち味を大切にしている料理であるところからきております。

一般而言，即使是吃生魚片時所用的醬油沾料等，通常也是先注入小碟子，才送上餐桌。

　這或許可解釋成是廚師對日本料理本身，意識上是把料理視作一個完成度很高的「完成品」。因此，廚師希望自己所做的料理不需再經過客人去調味，盡可能的讓客人以原有的風味來品嚐，這也應該是與西洋料理或中國料理相比較下的最大不同點。

　那麼，第一次品嚐日本料理的感想又是如何呢？對於吃慣西洋料理或中國料理的人來說，大部分的人會覺得日本料理整體上的印象是「味道較淡」。

　其實這個「味道較淡」的印象，是來自日本料理講求的是重視材料本身原有味道的觀念。

"甘いものは甘く，辛いものは辛く"

親父は，私や他の料理人たちにそう教えました。たとえば，本来甘い味を持つかぼちゃやさつまいもは，あくまでも甘く，材料の持ち味をこわさずに仕上げるのが，日本料理の味つけの基本なのです。

自然の山や海からの産物である野菜や魚。その素材の自然な持ち味を守って料理するのが，日本料理の日本料理たるところです。

だしが決め手の日本料理

そして，日本料理で材料の持ち味をうまくひき出してい

「甜的東西要甜，鹹的東西要鹹」

這句話是家父最常教導我及其他廚師們的名言。舉例說，原本就帶有甜味的南瓜或甘薯，作法上就要甜，且烹飪時尚需不破壞材料本身的味道，這才是日本料理調味上的基本原則。

不論是取材於自然的高山蔬菜或是海洋的魚類，能夠保持原材料自然風味的料理，才可稱作是日本料理。

決定日本料理好壞的高湯（*Dashi*）

在日本料理中，爲了要讓材料呈現出原有風味，就

るのが，"だし" と呼ばれるスープです。だしは，水に昆布を入れて火にかけ，沸騰する寸前に昆布をひき出し，かつおぶしを入れてとります。

かつおぶしというのは，魚のかつおを茹でて燻(いぶ)し，上質のカビをつけて乾燥させたもの。長時間かけて作られた良質のかつおぶしは，だしをとるときに一瞬のうちに煮出すように，うすくけずって用います。

文献によりますと，日本が国家として機能するようになる西暦701年に制定された「大宝律令」のなかに，すでに堅魚煎汁(かつおいろり)の文字が記されております。このことから，私たちの祖先が，かつおという魚のうま味を，いかに古い昔か

必須使用一種叫做「*Dashi*」的高湯。這種高湯的作法就是把昆布（海帶）放入水裏加熱，在接近沸騰點時取出昆布，然後加入乾鰹魚片即成。

所謂乾鰹魚片是將鰹魚用水煮過，以煙燻的方式燻乾，並用上等的霉菌抹塗其上，再風乾而成。花長時間作出來的上等鰹魚乾，最好的料理法是在熬煮高湯時，在快沸騰的那一刹那，刨成薄片後灑下。

根據日本文獻的記載，早在公元 701 年前，爲了發揮國家機制而制定的「大寶律令」內，就有記載鰹魚煎汁的文字。由此可知，日本的祖先早在古代就已懂得如

ら利用してきたかがわかります。

　日本の歴史のお勉強をするのがこの本の目的ではありませんので，説明は省略させていただきますが，昆布も古くから日本人の食卓には欠かせないものでした。

　このかつおぶしと昆布のうま味をひき出して作るだし。ふたつのうま味は，$1+1=2$のたし算でなく，7.5ぐらいの相乗作用となって，だしのなかに含まれているといわれています。

　そのだしをベースに，酒，しょうゆ，みりん，酢，味噌，うま味調味料などの助けを大いにかりてこそ，材料の持ち味を生かした味つけができるというわけなのです。

何運用鰹魚的美味了。

　但因寫這本書的目的不在探討日本歷史，所以有關這部份的細節說明就此省略。海帶（昆布）也是自古以來在日本人餐桌上不可或缺的食品之一。

　所謂高湯，就是將乾鰹魚片與海帶（昆布）本身原有的美味抽取出來的湯。把這兩種美味加在一起，效果不僅是 1+1=2，據說甚至有高達 7.5 倍之多的相乘效果。

　以這種高湯做爲基礎，再佐以酒、醬油、味霖、醋、味噌等美味調味料的輔助，那麼就可以充份發揮出材料本身原有的美味了。

日本料理における酒の役割

酒なくて　何の日本の　富士桜　　ロベール・ギラン

日本では，冠婚葬祭やビジネスをはじめ，人とのつきあいや家庭での団らんに，お酒は欠かすことができません。日本酒メーカーは京都や神戸にたくさんありますが，そのなかでも，灘のメーカーさんなど14社で作っている「甲東会」のみなさんとは，私も長年おつきあいをさせていただいています。

さて，日本料理にとってお酒は，食事の際に飲むだけでなく，調理の際にもなくてはならないものです。お酒に

❧❧❧❧❧❧❧❧❧❧❧❧❧❧❧❧❧❧❧❧❧❧❧❧❧

日本料理中酒所扮演的角色

沒有酒，何來日本的富士和櫻花！

～by Robert Guillain～

這段「俳句（ _haiku_ ）」詩，表現出沒有酒的話，那麼美麗的富士山及櫻花也就不算什麼了。

在日本舉凡婚喪喜慶或是做生意交際、自家的聚會時，酒是絕對不可或缺的東西。在京都或神戶一帶，有很多的日本酒製造商，其中居於領導地位的 14 家廠商所組成的「甲東會」，與我也有著長年的交情。

酒對日本料理而言，不僅是進餐時飲用，作料理時也是不可欠缺的。酒具有下列四點功能：①使食物散發

は，①香りを出す，②魚などの生臭みを消す，③味をまろ
やかにする，④材料をやわらかくする，などいくつかの効
用があります。

　清汁（塩としょうゆ味の澄んだ汁物）仕立ての仕上げ
の段階では，酒をほんの少し落としますし，"若狭焼き"
など酒をぬる焼き方は，①の効用を利用したことになるの
でしょうか。

　若狭焼きというのは，甘鯛や小鯛，かれいなどで，ウロ
コをつけたまま焼いたものです。まず串にさした魚を火に
かざします。ウロコがこんがりときつね色になったとき，
お酒を刷毛でさっとぬります。

～～～～～～～～～～～～～～～～～～～～～～～～～～～

香味，②可去除魚類等的腥味，③能讓口感更好，④使
材料更爲柔嫩。

　　在烹調清汁（一種用鹽與醬油調製成的清湯）的完
成階段時，會撒些酒。此外在做「若狹燒」等的料理時，
則是利用①的效果塗上酒類再加以燒烤，讓香味凸顯。

　　所謂「若狹燒」就是將甘鯛(馬頭魚)或赤鯛、鰈魚
等，以不去鱗的狀態下燒烤的一種料理方式。首先以竹
籤串過魚身放在火上烤，待鱗片遇熱翻起變成黃褐色
時，就用毛刷快速塗上一層酒。

さらに色がついてきたときに，またお酒をひと刷毛。お
酒で火をよび，お酒がぬられるたびに調理場に馥郁たる香
りをただよわせながら，こんがりと焼きあがるのですが，
甘鯛の若狭焼きの香ばしいおいしさといったら，まさに絶
品です。

また，一塩かますにも"酒焼き"という焼き方がありま
すが，こうした味は，お酒なしにはどんな腕のいい料理人
といえども作り出すことができません。

酒──その他の効用

子孫繁栄の縁起をかつぎ，日本のお正月のおせちに必ず

當繼續烤到顏色加深時，再用沾酒的毛刷刷一次。
酒便會將火苗引出，而每塗一層酒汁時，廚房裏就會瀰
漫一股馥郁的香味，直至烤到金茶色。提起甘鯛(馬頭魚)
的「若狹燒」，那可真算得上是人間美味。

另外鹽醃梭魚還有一種叫做「酒燒」的燒烤方法。
如果沒有酒的襯托，即使擁有再高超手藝的廚師，也不
可能做出這種味道的料理。

酒的其他效用

象徵子孫繁榮，日本過年時的年菜，一定會加上黃

つける数の子も，塩数の子を用いるときは，塩ぬきした後に最低30分間お酒に浸してから調味します。そうしませんと持ち味がいきてきません。生臭みを消す働きは，この他にも鯛の潮汁，丸煮などで利用します。

　味をまろやかにする効果は，酢の物を例にあげればおわかりいただけるでしょう。関西では，水やかつおだしを使わず，煮切り酒（火にかけアルコール分をのぞいた酒）で合わせ酢を作る手法がありますが，たしかに，二杯酢，三杯酢，ポン酢，土佐酢などに煮切り酒を加えますと，酸味の角がとれ，まろやかな味になります。

　材料をやわらかくする働きといえば，日本料理の"酒煎

金魚子條（青魚子）。在作脫鹽處理時，也是先去鹽份後，至少泡酒30分鐘以後才調味。如果少了這道手續，那麼就無法將原味呈現出來。這種去除腥味的效用，同樣也可用於其他如鯛魚的「海味汁」、全魚煮湯等方式上。

　　至於使口感更好的效果方面，只要舉出拌醋涼菜的例子就應該可以了解。在關西地區，醋的調味是以「煮酒」加上醋調製而成，作法是以「煮酒」（加火煮過，去除酒精成份的酒）取代水或鰹魚乾所做出來的高湯。在二杯醋、三杯醋、柚醋、土佐醋等料理上加些「煮酒」，的確可以使其酸味不致太刺鼻，而味道變得更爲圓潤。

　　若要說明使材料變爲較柔軟的料理法方面，就必須

Sawanotsuru

Hakutsuru

Fukumusume

Nihonsakari

Kikumasamune

Kinshimasamune

Ozeki

Shouchikubai

Hakushika

Shirayuki

Kinpai

Gekkeikan

Sakuramasamune

Tamon

著名日本酒
廠商

り”，“酒蒸し”，“酒煮”という技法をあげなければなりません。酒煎りとは，お酒を煮立てた鍋に材料を入れ，手早く煎り，ざるにあげて冷やす方法です。

　酒蒸しはお酒をひたひたにふりかけて蒸し，酒煮も同様に。素材にもよりますが，あわび，はまぐりなどの貝類，イカ，タコなどは，これでかなりやわらかくなります。

　この他にも，懐石料理でつけじょうゆがわりに用いる「煎り酒」，塩をした魚を洗い，臭みをとるのに使う「玉酒」（料理人用語。玉とは多摩川をさし，水とお酒を同じ割合で合わせたもの）など，お酒を主役にした調味料もあり，日本料理でのその活躍ぶりをあげますと，この本のす

～～～～～～～～～～～～～～～～～～～～～～～～～～

提到日本料理中獨特的「酒煎」、「酒蒸」、「酒煮」等手法。所謂「酒煎」是將材料放入裝有已煮沸的酒的鍋裏，快煮一下，然後起鍋放到漏網上濾乾，再讓它冷卻的料理法。

　　所謂「酒蒸」是將酒灑在食材上後，用蒸的方式。如「酒煮」一般。雖然會因不同的食材有些差異，但大體上如鮑魚、蛤蜊（文蛤）等貝類、魷魚（花枝）、章魚等都會變得更爲柔嫩可口。

　　除此之外，如日本懷石料理中，將醬油沾料改用「煎酒」來沾。或是將鹽巴醃過的魚洗淨後，再用「玉酒」（廚師的專業術語，所謂「玉」指的是多摩川，是用水與酒以同樣的比例調製而成的。）來去除魚腥味。酒在日本料理中所扮演的角色，若真要一一說完，就算用本

べてのページをついやしてもたりません。

　酒なくて　何の日本の　料理かな

香りが命の "しょうゆ"

　しょうゆは，大豆，小麦，塩にコウジ菌を混ぜ，この微
生物の力をかりて発酵，醸造される調味料です。

　ヒゲタ醤油さんのCMに出演することになった私は，江
戸時代の仕込み方法どおりに醸造したしょうゆ「玄蕃蔵」
の蔵出し式に出席することになり，これをきっかけにし
て，しょうゆの "命" とはなんなのかを，私なりに考える
ようになりました。

書的全部篇幅來寫，恐怕還不夠哩！

　沒有酒，何來日本料理！

香味決定醬油的好壞

　醬油是用大豆、小麥、鹽巴加上麴菌，利用微生物
的力量，使其發酵而釀造出來的一種調味料。

　本人曾參加過 Higeta 醬油公司廣告影片的演出，當
時是參加一項模倣江戶時代釀造方式「玄蕃藏」的開窖
典禮，也因為這個因緣，使我對於醬油的重要性重新做
了番思考。

というのも，日本料理の料理人は，とかく調味料を大事に扱うのですが，なかでもしょうゆには特にまめまめしく慎重に接するのです。それはちょうど，心のなかで大切に思っている恋人を扱うように，といったらおわかりいただけるでしょうか。

　しょうゆは，色，味，香りという３つの要素をお料理に添える調味料です。

　私の店の料理人，乗附英明[のりつけひであき]さんが煮物をする場合，材料にもよりますが，他の調味料はだいたい一度に入れるところを，しょうゆにかぎっては二度三度と，じつにまめまめしく何回にもわけて入れ，仕上げに必ず２～３滴落としま

　因為，日本料理的料理人（廚師）非常講究調味料的運用，其中對醬油的使用更是慎重而仔細，打個比方，就如同是對待自己的情人一般。

　醬油是種可以同時添入色、香、味三種要素的一種調味料。

　以本人店裡的廚師乘附英明先生烹調料理時的情形為例，依各種材料的不同，雖有所差異，但通常他在使用其他調味料時大都只用一次，唯獨在使用醬油時，可說是相當仔細地分兩三次加入，當料理接近起鍋時，必定還會再撒上兩三滴。

す。

　鼻腔のあたりにしょうゆのいい香りが立ちのぼり，その
香りに誘われて唾液が分泌してくるような，そんな仕上が
りにするためです。

　しょうゆの命とは，やはりその香りです。

　すし，そば，天ぷら，すきやき——日本料理は，一つひ
とつあげていきますと，しょうゆがなかったならばおいし
さはもとより，料理そのものが成り立たないものばかり。

　たとえば，そのひとつのお刺身を考えてみましょう。
しょうゆがなくて，お刺身をトマトケチャップや胡椒でい
ただくとしたら，それはもはやお刺身ではなく，まったく

～～～～～～～～～～～～～～～～～～～～～～～～～～～～～～

　・這是因爲要讓醬油的香味撲上鼻腔時，那香味能刺
激唾液的分泌，而令人不由得垂涎三尺之故。

　　決定好醬油的重要關鍵，其實就是香味。

　　壽司、麵條、天婦羅料理、日式涮涮鍋……幾乎每
一種日本料理都不能缺少醬油，如果沒有醬油，別說是
美味了，就連料理本身也無法成立。

　　舉生魚片的例子來說，如果沒有醬油，而用蕃茄醬
或胡椒粉沾食的話，那麼料理就已經不再稱爲生魚片料

別の食べ物になってしまうでしょう。お刺身がお刺身であるために，絶対必要不可欠なのがしょうゆなのです。

日本人が渇望するしょうゆの味

　日本の一般のご家庭では，お刺身は冷蔵庫に入れるはずです。でも，しょうゆのほうはどうでしょうか。

　私の店の料理人は，刺身じょうゆも，それを注ぐ小皿（小付）も，お刺身と同じく冷蔵庫に入れます。なぜなら，しょうゆも他の素材同様，生きているからです。つまり，お刺身のおいしさを完全に味わっていただくためには，しょうゆもベストな状態でなければなりません。

理，而是變成另外一道料理了。若要說這是生魚片（Sashimi），那麼醬油是絕對不能欠缺的。

日本人渴望醬油的味道

　　在一般日本人的家庭中，生魚片絕對是會貯存在冰箱裡的，可是醬油呢？

　　本人店裡的廚師們不僅僅是把沾生魚片用的醬油，就連放醬油的小碟子也會一併同生魚片放進冰箱貯存。因爲醬油跟其他料理材料一樣是有生命的。也就是說，爲了能夠讓客人完完全全的品嚐到生魚片的美味，醬油也必須保持在最佳的狀態下。

Kikkoman

Yamasa

Higeta

Marukin

Higashimaru

日本著名
醬油廠商

しょうゆが生あたたかくなっていようものならば，お刺身のおいしさは半減，いや，まるで消えてしまうとばかりに，料理人は生もののお刺身と同様，しょうゆもていねいに慎重に扱います。料理人がこれほどまでにしょうゆに心を砕くのも，日本料理が日本料理たる鍵をにぎっているのが，実は"しょうゆ"だからです。

しょうゆをベースにしたタレをつけた魚のおいしさ，炊きたてのあたたかいご飯に玉子をかけ，そこにおしょうゆをたらした味……私たち日本人は，しょうゆ味にすっかりなじんで暮らしております。

私がかねがね，知りあいの西洋料理の料理人さんに提案

❧❧❧❧❧❧❧❧❧❧❧❧❧❧❧❧❧❧❧❧❧❧❧❧❧❧❧❧❧❧❧❧❧❧❧❧❧❧

換句話說，如果醬油變溫了，那麼生魚片的美味就會減半，不！應該說是美味也會隨之消失。因此廚師對醬油的態度就像對生魚片一樣，是非常謹慎而仔細，廚師之所以對醬油這樣的用心，是因為要成為真正的日本料理，其關鍵就在於「醬油」。

淋上以醬油為澆料的魚，或是在一碗熱騰騰的白飯上打顆蛋，再澆上些醬油，這些美味……對日本人來說，醬油已完全融入了我們的日常生活之中。

以前我就曾經數度與熟識的西洋料理廚師建議，在

していることがあります。シチューやカレー，ドレッシングの仕上がりに，おしょうゆをほんの１，２滴落としてごらんなさい。日本人のお客さまは，その隠し味に大満足するはずだから，と。私たち日本人にとってその舌がつねに渇望しているしょうゆ味。外国の方にも，近頃ではおしょうゆのファンが多くなってきました。

琥珀色のみりんの正体

　高温多湿な日本の夏。その暑い盛りの土用の丑の日，うなぎにとっては受難の日ともいえますが，日本ではこの日に"うなぎのかばやき"を食べます。思わず鼻がうごめ

燜煮或調製咖哩料理，在調味汁快好時，加入幾滴醬油試試，因爲日本客人非常喜好那種隱藏在背後的味道。對我們日本人的舌頭而言，醬油是最被渴望的味道，但最近似乎有越來越多的外國友人也開始成爲醬油的愛用者了。

琥珀色調味料「味霖（*Mirin*）」的真正原貌

　　日本的夏天高溫多濕，盛暑時節立秋前的丑日，日本人都習慣吃「蒲燒鰻」，所以當天又被稱爲鰻魚的受難日。一提到「蒲燒鰻」的香味，就會不由得讓人鼻子

き，足をひきよせられるあの香り。かばやきの，見るから
においしそうな色ツヤ。不快指数も"うなぎのぼり"の日
本の夏をのりきるための食餌療法ともいえるこのならわし
を，かげでしっかりと支えているのが"みりん"です。

みりんは，琥珀色をした液体です。原料は，お米と米コ
ウジ，焼酎。キッコーマンさんによれば，作られ始めたの
は室町時代。当初は，甘口のお酒として愛飲されていまし
たが，料理屋や料理人が誕生した江戸時代に入って，甘味
の調味料として使われるようになったそうです。

五味の筆頭の甘味を受け持つ調味料としては，他に砂糖
がありますが，みりん，砂糖のそれぞれの特性を生かして

〰〰〰〰〰〰〰〰〰〰〰〰〰〰〰〰〰〰〰〰〰〰〰〰〰〰〰〰〰

多嗅幾下，烤鰻魚的香味也彷彿會拖引雙足把人給吸進
店裏，光看「蒲燒鰻」發出的漂亮色澤，其美味就可想
而知了。在令人難受的酷暑中，蒲燒鰻是日本人習慣用
以度過炎熱夏季的食療法，而暗地裡支撐這美味料理的
功臣，就是「味霖」。

「味霖」（料酒）是一種呈琥珀色的液體，其原料
是用米和米麴及燒酒製成。根據龜甲萬公司的說法，其
釀造法創始於室町時代，剛開始時有人拿這種甜味酒當
作飲料來飲用，後來到了江戶時代，開始有料理店和廚
師之後，「味霖」就成為一種甜的調味料運用在料理上。

甜味居五種味覺的首位，除了料酒外還有砂糖，「味
霖」和砂糖各有其不同的特性，如何做區別那就是日本

使いわけることが，日本料理の料理人の重要な心得です。

みりんは砂糖にくらべますと甘味は2分の1，そして，たんぱく質の凝固を進める傾向，つまり材料を引き締める性質を持っております。ですから，お肉やタコ，イカなどを煮る場合は砂糖，魚を煮るときは絶対にみりん。魚は煮くずれせず，きれいな煮魚に仕上がります。

鍋物や丼物にも，砂糖では甘すぎるのでみりんを使います。みりんが品のいいほのかな甘味をかもし出します。

みりんは料理人の秘密兵器

冒頭にあげましたように，うなぎのかばやきの色ツヤ，

料理廚師們每個人的經驗與心得了。

與砂糖相比較，「味霖」的甜味只有砂糖的一半，不過卻有加速凝固蛋白質的功效，也就是說，具有緊縮材料的特質。因此，烹調肉類或章魚、花枝等類食品時要用砂糖，煮魚時就一定得用「味霖」，這使得魚不至於煮爛、變形，而能保持其完美的形狀。

另外火鍋或燴飯類使用砂糖會太甜，所以也要「味霖」，因為它能創造出上等的淡雅甜味。

「味霖」是廚師們的秘密武器

如先前所述，「味霖」可使蒲燒鰻魚烤出漂亮的色

ぶりなどの切り身を照り焼きしたときの照り，そして品の
いいほのかな甘味。

　よく知られるみりんの効用はこのようなものですが，プ
ロの料理人たちは，知られざる他の効用にも通じていて，
さながら"秘密兵器"のようにみりんを使いこなしている
というのが，日本料理の舞台裏，調理場事情でしょう。

　これは，うま味調味料がまだ普及していなかった頃の話
ですが，料理人は，お椀のだしにみりんをごく少量落とし
たものです。お椀の味が引き締まるといいますか，みりん
特有の香りとうま味の作用で，コクが出るのです。

　さて，かばやきや照り焼きの"タレ"にしてもそうです

෴෴෴෴෴෴෴෴෴෴෴෴෴෴෴෴෴෴෴෴෴෴෴෴෴෴෴෴

澤，也使青甘魚切片等的「甜醬油照燒」發出光澤，同
時又可增添出上等的甜味。

　這些都是「味霖」最廣爲人知的效用，但是對職業
的廚師們而言，還知道其他一些不爲人知的秘方，並把
它當做一個「秘密武器」，至於是怎樣的一個用法，那
就是日本料理舞台內幕，必須是調理場的人才曉得的
喔，在這兒全都要告訴你。

　這是要追溯到各種美味調味料尙未普及的時代
裡，廚師習慣在木碗裏的高湯之中加上少許的料酒，這
動作會讓湯汁的味道鮮活起來，料酒特有的香味與甜味
的作用下，便會有一股雋美的味道撲上鼻間。

　另外，用於蒲燒或照燒的沾烤甜醬也是一樣，即便

が，日本料理に使われるいろいろな“だし”で，みりんが使われていないものはないのではないでしょうか。

　カウンター料理では，常に用意しておき，お客さまのご注文で手を加え，てんつゆやそばつゆ，揚げ出しなど，さまざまな用途に使いわける“八方だし”というのがあります。お店や料理人によって，用途も作り方も，材料の割合もちがいますが，みりんは必ず含まれております。

　野菜の含ませ煮や，青味の下漬けに用いる“吸い地八方”（八方だしの一種）にしてもしかり。しょうゆ風味のソフトなからすみを作るため，素材のボラの子を漬け込むのにも，焼酎とみりんを合わせます。これで風味もよくな

~~~~~~

是日本料理中經常會用到的各式「高湯（*Dashi*）」，也必定會使用「味霖」。

　在日本料理廚房的櫃台旁，一定會準備所謂「八方調味湯（全方位調味料）」，它的功用就是依客人所點的料理，而調配各種不同用途的高湯或是沾料，如做為天婦羅用的沾料或麵湯的湯頭、煎炸料理等的調味等，當然在用法或材料的比例上，都會因料理店或廚師的不同而有所差異，但「味霖」是絕對不可缺少的配料之一。

　用來做煮什錦蔬菜或醃漬青菜的「吸地八方」（全方位調味湯的一種）效果也很好。在製作醬油風味，軟烏魚子的料理上，會先將烏魚子浸在燒酒及味霖的溶液中。這種做法不僅風味佳，且殺菌效果好，當然也可長期保持鮮度。

り，殺菌効果で日持ちもよくなるのです。

　私の店のベテラン勝田信さんによれば，「多くの特性を
合わせ持ち，ほんの少量加えるだけで料理をぐっと引き立
てるみりん。こんな重宝な調味料はありませんよ」。

　みりんは，日本料理にとっては実に重宝な秘密兵器。あ
なたが召しあがる日本料理のあちらこちらにひそみ，お料
理をしっかり引き立てているかげの功労者なのです。

殺菌，防腐に大活躍の "酢"

醤酢に　蒜揚き合てて　鯛願う

吾にな見せそ　水葱の羹　　　長忌寸意吉麻呂

　我的店內有著長年經驗的勝田信師傅就曾說過：
「味霖同時具有多種不同的特性，只要少許的量，就能
立刻使料理變得更爲鮮美，真是沒有比『味霖』還重要
的調味料。」

　對日本料理而言，「味霖」確實是一個重要的秘密
武器，它隱身於日本料理的各處，而且是將料理忠實地
呈表現出來的功臣。

有效殺菌、防腐的「醋」

當我想吃碗醬醋調蒜的鯛魚時，可不要把蔥湯端來喔！

~長忌寸意吉麻呂~

これは，日本最古の歌集「万葉集」のなかに入っている一首です。

「鯛の身のにんにく入り酢味噌あえを食べたいと思っている私に，なぎの熱汁など見せてくださいますな」

お酒の席でもあったのでしょうか，意吉麻呂さんはそう詠んでおられます。

醬酢とは，いまでいえば“酢味噌”のこと。ミツカン酢さんにご提供いただいた資料によれば，人間が作り出した最古の調味料は，バビロニア人が紀元前5000年頃すでに作っていた“お酢”。それには遅れますが，私たち日本人も万葉の昔，奈良時代には，すでに酢味噌あえを口にして

～～～～～～～～～～～～～～～～～～～～～～～～～

這是出自日本最古老的詩集「萬葉集」中的一首詩。

其大意是「不要給我一碗蔥湯！當我正渴望享受醬醋調蒜鯛魚的美味時」。

我想這大概是在酒席上，意吉麻呂先生才會有感而發，作此吟歎的吧！

所謂「醬醋」換成現代說法就是「醋味噌」。根據Mitsukan製醋公司所提供的資料中，人類最早做出的第一種調味料，是由巴比倫人於紀元前 5000 年左右調製出來的「醋」，而日本人發明調味料的時代雖較西洋略遲些，卻也是在古代萬葉時期的奈良時代（8 世紀），就

いたというわけです。

　親父の思い出話によれば，以前は日本の町々に造酢屋さんがあって，その近くまでいきますと，酢の香りがあたり一帯にただよっていたそうです。

　魚を生でいただく日本料理には，殺菌力，防腐力を持つ酢をおおいに活用いたします。そして日本の酒の肴といえば，意吉麻呂さんの例でもおわかりかと思いますが，まずは酢の物。日本人は酢の味が大好きです。

　つまり，食べものの安全性と嗜好の両面から，日本人にとってお酢は非常に身近で，料理屋の調理場やご家庭の台所では，きらしてはいけない調味料です。

～～～～～～～～～～～～～～～～～～～～～～～～～～～～～～～

已懂得品嚐味噌拌醋料理的美味了。

　　而家父更是常常回憶起以前在日本各地都有製醋的工廠，只要一走到附近，四周常都瀰漫著濃濃的醋香。

　　日本料理中，魚類多半是以「生食」的方式來食用，因此在料理中，具有殺菌力、防腐力的醋，也是大量運用在各種料理手法上。說起日式下酒菜的話，如剛才所舉的詩人意吉麻呂般，日本人都會先來一客拌醋小品。這也說明了自古以來日本人的確是一個愛好吃醋的民族。

　　總而言之，不管是從食物本身的安全性或是嗜好兩方面來說，醋相當的深入日本人的日常生活中，已成爲料理店裏或一般家庭廚房內，絕對不可欠缺的一種調味料。

私の店の調理場で，お酢をいかにひんぱんに用いているか，ちょっとのぞいてみてください。

ここでしているのが“酢締め”です。うすく塩をして水分と生臭さをとりのぞいた小鯛やアジを，酢に漬けているところです。こうすることで魚独特の歯触りが生まれ，酢味，塩味に魚のうま味がうまい具合に溶け合い，なおかつ酢の殺菌力，防腐力が働いて保存性が高まる，つまり，魚の持ちがよくなるということです。

その隣りは，酢の物や和え物に使う魚や貝を“酢洗い”しております。生でいただく場合でも，酢洗いの下処理をしてありますから安心です。

現在來瞧瞧在我店裏的廚房中，醋是如何頻繁被使用著。

首先映入眼簾的是「醋締（ Sujime ）」，也就是將赤鯛或竹莢魚用鹽水泡過，去除水份和腥味後，放入醋中醃漬，透過這道手續可發揮魚肉獨特的口感，除了鹽味之外，也使魚肉本身的美味也巧妙地溶入醋味，加上醋的殺菌力及防腐力更可使食物的保存性提高，當然也就能夠維持魚肉的鮮度。

在一旁還有人在做「醋洗」的工作，在處理製作醃醋小品或醋拌涼菜用的魚貝類會使用此方法。因為是生食，所以先用醋洗方式處理過，可以比較安心。

色出しに，甘露煮にと大奮闘

あちらの方でレンコンが白く仕上がっているのは，茹で汁に酢を入れたから。同じくウド，ゴボウ，長芋なども皮をむいたら酢水に漬け，酢湯で茹でることでアクを止め，変色を防ぎます。だからきれいに仕上がるわけです。

焼き魚に添えるはじかみ（筆しょうが）を，茹でた後に甘酢に漬けているものもおります。これは色出しのため。

黄菊やむらさき菊の花を茹でるときに酢を少し落とすのは，アク止めのためと，シャキっとした味に仕上げるためです。

醋也是添加色澤，散發美味的大功臣

那邊有一條煮好的蓮藕泛出鮮白色的色澤，那是因為在湯裡加了醋的緣故，同樣的作法也可以用在土當歸、牛蒡和長芋等食材上，作法上是去皮後，再放入醋水中浸，然後又再用醋湯熬煮。如此的話，可除去食物的苦澀或怪味，並防止變色，同時料理的色澤也會非常漂亮。

即便是置放在烤魚料理旁的裝飾物（紅筆薑），也是煮過後浸泡甜醋，這是為了把色澤呈現出來的作法。

在煮黃菊或紫菊花時，如加幾滴醋會降低其苦澀，同時使味道更爽口。

鍋では“鯉の甘露煮”にかかっていますが，あれにも酢は欠かせません。

魚の臭みをとり，骨をやわらかくする酢の働きをとり入れてこそ，アメ色をしたおいしい甘露煮をお客さまにお出しすることができます。

隅のほうで，若い料理人たちが一生懸命里芋をむいていますが，あれも酢を使っているから手がかゆくなく，仕事がスムーズに運んでいるわけですし——こうしてざっと見ていただいただけでも，日本料理の調理場でのお酢の奮闘ぶりは一目瞭然でしょう。

いま，配膳台にのったお料理は，息子の隆（3代目）の

接著介紹用鍋子燜煮的「鯉魚甘露煮」，這道菜更是不能沒有醋。只有加上醋不僅可以去除魚腥味，且可軟化魚骨，這樣就可將茶飴般顏色的美味「甘露煮」端出來呈獻給客人。

在廚房的角落，幾位年輕廚師正賣力地剝著芋頭，那也是事前先用醋處理過，才不至於手會發癢，並使得工作進行更形順利，如此大致瀏覽一下調理場（廚房），便可了解到醋是如何地活躍於其中。

現在登上配膳台料理的正是小兒隆（第3代）的最

最新作の酢の物です。

　沖縄産のむらさき色の山芋と，ふつうの白い山芋を，庖丁でトントントンと絹糸のように細く細く切り，海老の赤，岩茸の黒，防風の緑を添えてあります。

　5色そろって見た目もよく，意吉麻呂さんのように酢の物の好きなお客さまから好評の一品です。

やっぱり日本人には味噌汁

　寒いときは甘い白味噌，暑いときは辛い赤味噌ですが，寒くもなく暑くもなく，ちょうどいい陽気の4月には，白味噌に赤味噌を1割ほど混ぜた合わせ味噌を使います。

新傑作「拌醋小品」。

　　以沖繩產的紫色山芋和普通的白山芋，用刀切成如絹線般的細絲，加上鮮紅的蝦、黑色的海岩菜，並裝飾上綠油油的防風菜。

　　以此五種顏色調製而成的拌醋小品，如果碰到如意吉麻呂般，喜歡拌醋料理的客人的話，常是讚不絕口。

日本人，還是鍾情於味噌湯

　　當寒冷的時候，日本料理使用略帶甜味的白味噌，而酷暑的時候則使用較鹹的「赤味噌」；在不冷不熱，氣候怡人的4月，則以白味噌，搭配十分之一的「赤味噌」來使用。

味噌汁の実は緑のそら豆につくし。

お椀のふたをとったお客さまは，春の野山を思い浮かべていらっしゃるのでしょう。小さく歓声をあげ，一口召しあがっては，みなさん口々に「あー，やっぱり味噌汁はいい」とおっしゃる。

台所から味噌汁のいい匂いがただよってきて，「起きなさい，ごはんですよ」という声で目をさます。これが日本人の朝でした。

生活が忙しくなり，“朝食はパン”というご家庭が多くなりましたが，私たち日本人のなかには，“味噌汁で朝ごはん”への郷愁，愛着が根強く残っていることが，味噌

﹏﹏﹏﹏﹏﹏﹏﹏﹏﹏﹏﹏﹏﹏﹏﹏﹏﹏﹏﹏﹏﹏

此外，味噌湯中有時會加上綠色的蠶豆及筆頭菜，來添加綠油油的春意。

當客人掀起碗蓋的那一刹那，腦海裏就會如同浮現出春天山郊風光的景象，而爲之輕輕的讚歎，再啜上一口湯後，大家口中都不約而同的說：「啊！還是味噌湯好喝」。

這是因爲日本人一早就習慣聞到一股從廚房裡飄散出來味噌湯的香味，在一句「快起床，吃早飯了喔！」的呼喚聲下，才睜開惺忪的雙眼，這也是日本早晨的景象。

隨著現代社會的日益繁忙，「早餐吃麵包」的家庭也越來越多，但是在日本人的內心中，還是最鍾情早餐中要有米飯與味噌湯，這份鄉愁與執著也根深柢固的存

メーカーのハナマルキさんがおこなった調査にもはっきり
とあらわれていたそうです。

　また，お酒を召しあがった後の味噌汁というのも非常に
おいしい。

　芸者さんたちが大勢いてお座敷遊びが盛んだった頃，
"煮ころし"という人気の一品がありました。

　遊びなれた粋人のお客さまが，料理人に作らせたのがそ
もそもの始まりといわれておりますが，昆布でとっただし
に４，５年もののおいしい三州味噌を溶き入れて，あとは
青味の三つ葉かせりを散らすだけ。

　別名"ぼうず汁"ともいい，お料理ともいえないほど簡

〜〜〜〜〜〜〜〜〜〜〜〜〜〜〜〜〜〜〜〜〜〜〜〜〜〜〜〜〜〜〜

在於日本人心中。這是從味噌廠商的調查中得知的。

　　還有在酒宴中，來一碗味噌湯更是人間美味。

　　過去，流行在和室，與一大群藝妓飲酒作樂的時代
裡，當時有一道最受歡迎的味噌湯，稱之為即席湯
「*Nikoroshi*」。

　　據說，這道湯是始於經常流連於風月場所的「雅
士」要廚師所做的料理，將存放有四、五年之久的陳年
而美味的三州味噌，溶入以海帶（昆布）熬煮的湯頭裡，
然後再撒上幾片青綠的鴨芹葉即告大功完成。

　　這道湯還有另一個別名叫做「和尚汁」，簡單的稱

単なものですが，これがどんなに手をかけて贅をつくした
お料理よりもおいしく，京都の花街では名物だったそうで
す。

　日本料理の献立のなかには，四季折々，その時季に合っ
た実（具）を使った味噌汁が，「味噌椀」として登場しま
す。使う味噌はさまざまです。自分のことを自慢する"手
前味噌"という言葉がありますが，日本には，それぞれの
持ち味に自信を持つ多くの種類の味噌があります。

　赤味噌ともいわれ，熟成期間が長く，赤みをおびた茶色
の仙台味噌。色が薄く黄色みをおびた信州味噌。色が白く
甘みを持った西京味噌。八丁味噌ともいい，黒褐色でさっ

~~~~~~

不上是料理，但卻比其他奢華、繁複的料理還要來得美
味。

　　在日本料理的菜單中，會依照各種時令調整「味噌
湯」的材料內容，由於所使用的味噌種類繁多，因此有
所謂的「手前味噌」（老王賣瓜）說法，指的就是自己
拿手獨家秘傳味噌的做法，在日本這種蘊含各人自信與
風格的味噌，種類相當的多。

　　一般稱之為「赤味噌」的味噌，是指所需成熟期較
長，茶色中略帶有些赤紅色的「仙台味噌」；而色澤較
淡略帶黃色的是「信州味噌」；呈白色還略帶甜味的是
「西京味噌」，也被稱為「八丁味噌」；呈黑褐色、味

ぱりとした味の三州味噌などなど。それぞれ自慢の持ち味を生かして使いわけ，味噌椀に仕立てます。

絶妙の組み合わせ——かき鍋に味噌

もちろん味噌汁にかぎらず，日本料理にはその他にも味噌を使ったお料理がたくさんあります。材料のくせを包み込む，素材の締まりを遅らせる，冷めにくくするなど，数々の効用を持つ味噌。こうした効果を利用した料理のひとつが"かき鍋"です。

寒い夜はあたたかい鍋を囲むのが一番というので，日本料理にはいろいろな種類の鍋物がありますが，白味噌をお

〰〰〰〰〰〰〰〰〰〰〰〰〰〰〰〰〰〰〰〰〰〰〰〰〰〰〰〰〰

道清爽的是「三州味噌」等，在這麼多的味噌種類下，選擇獨自的風味加以分別運用，這就是味噌湯。

絕妙的組合——牡蠣鍋加上味噌

當然不僅是味噌湯，日本料理中也有很多料理都會用到味噌，味噌具有包住食材特殊氣味的功效，可使素材收縮遲緩，不容易變涼等的效果，而其中一個運用到上述效果的料理就是牡蠣鍋。

寒冷冬夜裏的最佳享受就是圍著熱爐用餐，所以在日本料理中有各式各樣的火鍋，用酒、砂糖、薑泥調和

酒，砂糖，おろししょうがで練り，それを入れて食べるか
き鍋の味は格別です。

　炭火のコンロの場合は，鍋が真ん中から煮えて焦げやす
いので，味噌を鍋の縁に盛ります。それが土手のようなの
で，別名"土手鍋"。一方，ガスの火ではまわりから煮え
てきますので，味噌は真ん中に入れます。

　ぐらぐらと煮えてきたら味噌をくずし，かきをいただき
ます。貝類はほんの少しでも煮えすぎるとかたくなり，味
はガタ落ちです。ところが，口にしたかきのやわらかさ，
香り，おいしさ……。これは，味噌がかきをそっと包んで
おいしさをガードしてくれているおかげなのです。

<hr />

過的白味噌，然後放入牡蠣鍋內，味道真是別具一格。

　　使用生著炭火的小爐子時，鍋子是從中間煮開，故
而容易燒焦，所以味噌要放在鍋子的邊緣處，由於樣子
很像土堤，所以又稱「土堤鍋（土手鍋：*dote-nabe*）」，
此外如用瓦斯鍋的話，因爲瓦斯的火是由邊緣開始煮
起，所以味噌要放在正中間。

　　在慢慢煮開的過程中，待味噌開始溶化後再來食用
牡蠣。一般而言，貝類的東西只要稍稍煮過頭，肉身就
會變硬，味道也會跟著變差。可是用這種方式煮過的牡
蠣，其肉身還是一樣的柔軟而美味……，這是因爲味噌
把牡蠣包裹住，保存了美味。

酢のところでもふれましたが，万葉の時代は「醬」，また香り高いことから「香」ともいわれ，古くから日本人に親しまれてきた味噌。コレステロールをおさえ，ガンの予防にも有効というレポートも発表され，私たちは，伝統的な調味料のパワーをあらためて見直したものでした。

おいしさの成分はなに？

うま味調味料とは，日本料理の味の原点である"だし"のうま味に，しいたけのうま味を組み合わせた調味料です。日本料理の料理人たちは，水に昆布やかつおぶしをけずって入れて，だしをとり，持ち味を生かす日本料理の味

就如同前述「醋」的文章裡，味噌在萬葉時代被稱爲「醬」，且因爲香味非常好，也稱之爲「香」，自古以來味噌即與日本人有著極密切的關係。前些時候，報章更發表了一篇味噌可以抑制膽固醇，並可預防癌症的文章，看來我們似乎有必要重新評估這種傳統調味料的威力。

美味的成份到底為何？

所謂美味調味料所指的，就是在日本料理的基礎「高湯」（*Dashi*）中，加入天然美味的香菇所調和而成的。日本料理的廚師們喜歡將昆布及乾鰹魚片用水煮成高湯，再運用此種高湯做底，將日本料理中的各種食材

醋

↑
味 霖

↑
味 噌

日本料理
的調味料

味 素

のベースにしてきましたが，昆布とかつおぶしのなんという成分が溶け出しているのか，その正体についてはまるで知りませんでした。

その正体をつきとめてくれたのが，東京帝国大学の池田菊苗博士です。味の素さんからうかがったところでは，明治41年（1908年），博士は湯どうふを召しあがっておられたそうです。

湯どうふというのは，お鍋にだし昆布を入れてお湯をはり，そこに適当な大きさに切ったとうふを入れ，とうふがあたたまり，浮き上がってきたらすくい，ネギなどの薬味を入れたつけじょうゆでいただくという，手軽といえばこ

～～～～～～～～～～～～～～～～～～～～～～～～～～～～～～～～～～～～

原味襯托出來。但是，昆布及鰹魚片中到底會溶出什麼的成份，當時沒有人知道。

後來發現其中奧秘的，是東京帝國大學的池田菊苗博士，根據味之素公司的說法，池田博士於明治 41 年（1908 年）嚐到了湯豆腐（*Yu-toufu*）的美味後，才開始做研究。

如眾所周知湯豆腐的作法，是把做高湯用的昆布放入鍋裏同時加滿水，然後將豆腐切成大小適中的方塊一併放進鍋裏煮，待豆腐加熱浮起後再撈起來，然後再沾蔥花等的醬油沾料後食用，看似簡單其實也沒有比這更簡單的料理，但如果說這是高級料理的話，這可是最高

れほど手軽な料理もなく，高級といえばこれほど高級な日本料理もない……禅問答みたいでわかりにくいかもしれませんが，簡単なだけに奥が深いのが湯どうふなのです。

博士はそれを召しあがっていて，そのおいしさは鍋の底の昆布にあるのではないかと研究に着手し，グルタミン酸を発見。それを"うま味"と名づけられ，それからうま味調味料の製造，発売へとつながっていったのです。

博士のお弟子さんの小玉新太郎先生によって，大正2年(1913年)には，かつおぶしのうま味であるイノシン酸，さらに昭和35年（1960年）には，国中明先生によって，シイタケのだしからグアニル酸が発見されました。

―――――――――――――――――――――――――

級的日本料理喔！這種說法就像禪宗對答般，有點玄或許很難令人懂，但湯豆腐確實是一項最簡單，但裡面的學問也非常深奧的一個料理。

池田博士在食用湯豆腐後，認爲其美味可能是來自鍋底的昆布所致，於是便開始著手研究，後來便發明了「麩胺酸（*glutamic*）」，同時還將其命名爲「美味素」，之後也促成了有關該項調味料的製造與上市的活動。

之後，池田博士的弟子小玉新太郎博士在大正2年(1913 年)發現了鰹魚乾裏蘊含有豐富的「肌貳酸（*inosinic*）」；而國中 明博士也在昭和35 年(1960 年)發現了可以從香菇的高湯裏淬取出「鳥嘌呤核酸（*guanylic*）」。

このような経緯でうま味成分が発見され，私たち料理人たちは，長年の経験とカンでつかんだおいしさの正体を知るとともに，“うま味調味料”というかたちで新しい調味料をプレゼントされたわけです。

腕のいい料理人が使っていた“粉状のもの”

ところが，それはかなり長いあいだ，ベテランの料理人たちが人目につかないところでそっと使うものでした。料理人の修業がいまよりも厳しく，“技は教えてもらうのではなく盗んでおぼえろ”という風潮だった頃のことです。

関東では“花板<ruby>花板<rt>はないた</rt></ruby>”，関西では“真<ruby>真<rt>しん</rt></ruby>”と呼ばれる調理場の

如上述的緣由，因而發現出「美味」的成份，也因爲我們這些廚師長年累積的經驗及直覺，美味的調味料終於問世。

過去手藝高超的廚師所愛用的神秘「粉狀物」

但是有好長一段時間，老練的廚師們是不會光明正大地在眾人眼前使用這種美味調味料。當時學習廚藝的過程比現在還要嚴苛，而且當時的風氣是「技術不是傳授就可以學會的，而是要偷偷的學」。

在關東一帶稱大廚爲「花板」（*hanaita*）；關西地

トップや，その下の煮方，焼き方のベテランの料理人たち
が，お料理に粉状のものを少量そっと使っているのを，若
い料理人見習いの連中はときおり目にしたものでした。

人目をしのんで粉状のものを使っているのは，腕がいい
と評判の料理人たちばかりでしたから，「あの粉状のもの
はいったいなんだろう」と，若い料理人たちはその"謎の
物質"についてあれこれ考えました。

のちになって，それが"味の素（うま味調味料）"とわ
かり，なるほどと納得したというエピソードが，料理人の
世界には残っております。

私の店の勝田信さんの言葉をかりれば，「うま味調味料

〜〜〜〜〜〜〜〜〜〜〜〜〜〜〜〜〜〜〜〜〜〜〜〜〜〜〜〜〜

區稱做「真」（shin），而那時候學習廚藝的年輕見習
生們常常會看到大廚及二廚們在燜煮、燒烤時，有時會
加點神秘的粉狀物。

因爲，當時偷偷使用此種粉狀物的廚師，都是手藝
高超及技術一流的師傅，所以年輕的學徒們都在討論那
種神祕的粉狀物到底是什麼東西呢？

後來知道那就是「味素(美味調味料)」之後，大家
才恍然大悟，然而這個有關味素典故的軼事，現在還是
在料理人的世界裡流傳。

套用一句我店裏勝田　信所講過的話，「當時美味

があの頃の腕のいい料理人たちの"隠し味"だったのですよね，つまりは」。

　私の店の調理場では，塩を入れた熱湯で茹でた枝豆を，氷水に入れて冷まします。氷水のなかには塩と，うま味調味料が入っています。

　うま味調味料の働きで，枝豆の色のよさが時間がたっても変わらず，また，口にしたときにつゆのしょっぱさが消え，マイルドなおいしさになります。

　勝田さんがある日，緑の野菜や青豆の茹でたものの下漬けに，①昆布だし，②吸い地，③うま味調味料（味の素）入り塩水の３種類を用意して実験してみました。

調味料還是手藝好的老師傅們的『暗方』哩！」。

　　在本人的店裏，毛豆的處理方式是先用鹽水煮過後，再放入加有鹽巴和味素的冰水中冰。

　　味素在這裡的作用，是使毛豆的顏色不會隨貯存時間的流逝而變色，同時還可減少食用時的鹹味，而成為較甜潤的味道。

　　勝田師傅某天也曾做了一次實驗，就是用煮過的青菜還有青豆放入分別加有①昆布高湯、②一般高湯、③美味調味料（味素）等三種鹽水裏加以浸泡。

その結果は，うま味調味料入りの③が，色持ち，味持ちとも最高にいい，という結果がでたのです。このうま味調味料入りの塩水を，私たち料理人は「味塩」，「味塩汁」と呼んで重宝しております。

親父によれば，料理とは料り理めること。その料り理めた味を補ってくれるのがこのうま味調味料です。一時"化学調味料"という呼び名のために，料理界でもとまどいがあったと聞きますが，現在では原料が植物だとわかり，安心して使っています。

結果顯示加有美味調味料的③，不論是顏色的持久性、美味都是最佳，而這種放入美味調味料的鹽水，我們料理人都稱之爲「味鹽（*Aji-shio*）」或是「味鹽汁（*Aji-shio-jiru*）」而視爲至寶。

根據家父的說法，所謂「料理」即是「量料」及「處理」，而能夠補充「料理」中不足的味道，就是此種「美味調味料」。曾有一段時期因爲味素被稱爲是「化學調味料」，使得餐飲業界也有一陣子在使用上感到非常猶豫，不過，現在大家都知道味素的原料是植物（糖蜜），因此應該可以安心地使用。

九月份的前菜設計

第3章

日本料理
基本のマナー

日本料理的基本禮節

ナプキン

<u>餐巾</u>

ナプキンはいつつければよいか？

　ナプキンは，西洋料理では中央の皿の上に置かれていますが，日本料理では左側です。つまり，あなたの左手の方にあるのがあなたのナプキンです。

　席につくなりナプキンを広げる——これではせっかちすぎます。では乾杯のときに——いいえ，まだ早いです。料理が運ばれてきて，「さあ，いただきましょう」と食べ始める直前——そう，これがナプキンを広げる正しいタイミングです。主賓（正客）のいる場合は，その方が広げてからというマナーは西洋料理と同じ。折り目を手前に，二つ折りにしてヒザの上に置くマナーも同じです。

　ナプキンを早ばやと広げるのは，給仕の人をあわてさせ，また料理人にとっても，料理の催促をされているような気分にさせられるもので，あまり感心できません。

最好在什麼時候使用？

在西洋料理中，餐巾是放在中間盤子上，但日本料理則是置於左側。也就是說，在你左手方的餐巾才是你的。

一上桌就攤開餐巾 —— 不要太性急！那麼是乾杯的時候攤開囉？ ——不，還是過早。料理端上桌說：「來，請用（*Itadakimasu*）」後準備開始吃的時候嗎？ ——沒錯，這時就是攤開餐巾的正確時機。有主賓（主客）的場合時，要等他先攤開餐巾後，其他人才可動手，這與西洋料理的用餐禮節相同。把折痕朝己方，將餐巾對半折後置於膝蓋上，這方式也和西洋禮儀相同。

如太早攤開餐巾只會造成服務生的慌亂，對廚師們而言，也彷彿在催促快點上菜似的，這種舉動實在不妥。

おしぼり

濕手巾

おしぼりの使い方

　日本料理店では，手をふく"おしぼり"のサービスがつきます。夏は冷たく，冬は温かいタオルが，席についたときと，手で持って食べるお料理や果物などのあとに出されます。

　これは，湿度が高い風土と，ナプキンがつかなかった食事スタイルから生まれた日本独特の知恵です。

　おしぼりは，本来手の汚れをふくためのもの。顔や首すじの汗などをぬぐうのはマナー違反です。これはご自分のハンカチでぬぐってください。

　ただ，お店によっては気をきかせて汗ふき用や，トイレのあとにおしぼりを出すこともありますから，それは遠慮なく利用しましょう。

　使い終わったおしぼりは，軽くたたんでおきます。

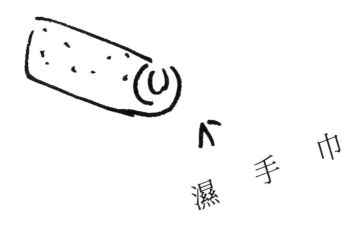

濕手巾

如何使用濕手巾

在日本料理店，有提供濕手巾（*Oshibori*）的服務。夏天是先冰起來，而冬天是提供熱的。在客人就席時及在需要用到手的料理或水果過後會遞給客人。

這種習慣是源自於因為日本的濕度很高，及進餐時沒有如西洋般使用餐巾的習慣，而衍生出來的獨特創意。

濕手巾原本的用意是供客人擦手用，若拿來擦臉或頸部的汗垢是違反禮儀的。這時應該用個人的手帕來擦拭。

不過，也有些店會很貼心地準備專門擦拭汗垢或上完洗手間用的濕手巾，當然這個時候就可以不客氣地拿來使用了。

用完濕手巾後，應該輕輕地折疊，再置於桌上。

乾杯

乾杯（敬酒）

乾杯は口だけでもつける

　日本料理をいただくときに欠かせないのが，お料理の前の乾杯です。乾杯用のお酒は，招待をしたホスト，ホステス側からお客に対してお酌をします。つぐ際には，女性の場合はとっくりの胴のところを右手で持ち，左手を添えてつぎます。男性は片手でもかまわないでしょう。

　そして，受けた杯はそのまま持っていずに，テーブルにいったん置きます。全員にお酒がまわったところで杯を持ち，「乾杯！」となります。

　ここで，お酒が飲めないからといって乾杯に参加しなかったり，水やジュースで代用してはいけません。

　ひとつのあいさつと考え，飲めない人も乾杯だけは杯を受け，ちょっと口をつけていただくフリをするのが，座をしらけさせない大人のマナーです。

乾杯時，再怎麼樣也要沾一下

　　在享用日本料理時，絕對不可缺少的就是進餐前的乾杯。乾杯用的酒通常是先由請客那方的主人或女主人為客人斟酒。斟酒時，若是女性要用右手握著酒壺的中間，左手則托著斟酒，男性的話用單手也無所謂。

　　酒杯斟滿後，不用拿著可先放在桌上，待所有人的杯子裏都斟滿後，再一起喊聲「乾杯！（Kanpai！）」

　　這時候即使不會喝酒，也不能說不會喝就不參加乾杯，也不能以水或果汁來取代。

　　乾杯也可視為是一種問候儀式，就算不會喝，也要參加乾杯，接下酒杯後以嘴唇沾一下裝個樣子，這也是為了不掃他人興致的一種成人社會禮節。

日本酒

日本酒

日本酒の受け方

日本酒を受けるときは，必ず杯を持ちます。テーブルにグラスを置いたままで受ける西洋料理のマナーとはちがいます。杯は右手で持ち，左手の指先を軽く杯の底に添えます。目上の方からついでもらうとき，それに女性の場合は，杯を片手で持つのはタブー。必ずこのように両手を使いましょう。

そして左手の人差し指を杯のとっくり側のふちぎわに添えてみてください。こうすれば杯ととっくりがじかにふれず，お酒が杯いっぱいになったときに，杯を持ち上げずとも人差し指を軽く上げるだけの合図ですみます。

「おっとっと，もういっぱいですよ」と杯ごと持ち上げるサインは，お酒をこぼすおそれがありますから，このような合図でスマートにいきましょう。

主人　　　客人

接受他人斟酒時的禮儀

　　接受他人斟酒時一定要端起杯子，這和將杯子放在桌上接受他人斟酒的西洋禮節截然不同。接受日本酒時，右手要托著杯子，同時用左手手指輕輕扶著杯底，尤其是接受長者斟酒時，或者是女性在接受他人斟酒時不可以單手持杯，一定要用雙手。

　　用左手食指靠近杯子對著對方的酒壺邊緣看看，如此一來杯子與酒壺就不用直接地接觸，待酒快倒滿時，無須舉起杯子，只要輕輕揚一下食指，這動作是告訴對方酒杯已滿的信號。

　　一般被倒酒的習慣是一邊說著「啊、啊、夠了夠了」，一邊連同杯子往上舉，這種動作恐怕常會將酒灑了出來，如果用上述的動作打個信號，會更高明。

温度

温度

出されたらすぐに食べる

　配られた料理をそのままにして話に夢中。そして「冷めてしまったからもう一度あたため直して」というお客さまの注文ほど、料理人を気落ちさせるものはありません。煮返せば、せっかくの味が変わってしまうからです。

　給仕の人が料理を配り始めたならば、たとえ話の途中でも、正客が「冷めないうちにいただきましょう」と声をかけてくださると、給仕の人や調理場はうれしくなりますね。"熱いものは熱く、冷たいものは冷たく"——これが料理人の心得ならば、"熱いものは熱いうちに、冷たいものは冷たいうちに味わう"——これがお客さま側の基本のマナーです。大勢の宴会などでは、全員配り終えるのを待つよりも、配られた方から順に食べ始めるのが、正しい味わい方です。

趁熱吃，不要讓料理涼掉喔！

上桌的菜要儘快食用

　　一味地熱中於談話，置桌上的菜餚於不顧，然後再要求服務生把冷掉了的菜送進去回鍋熱一下，再也沒有比這種客人的要求會讓廚師更爲喪氣的了，因爲料理一旦回了鍋，當初精心烹調出的味道就會大大的變差。

　　如果主客能夠在服務生送上料理時，就算話題說到一半，也能說聲「大家趁熱吃了吧」，相信服務生或廚師一定會倍感窩心。如果說「熱的要熱，冷的要冷」是廚師應具備的常識的話，那麼客人的基本用餐禮儀就應該是「要趁熱吃，冷的則是趁著冰的時候，趕快品嚐」。在人數多的人的大型宴會上，應該是依端上來順序，先拿到的人先吃，可不要等到所有的客人都送到時享用，這才是正確的吃法。

器

器皿

器は持ち上げるか，持ち上げないか？

　西洋料理や中国料理のように，どの器も持たず，置いた
まま食べるというのなら迷うことはありません。しかし日
本料理の場合は，料理によって器を持っていい場合と持っ
てはいけない場合があります。

　その見分け方は，ひとつ目は，しずくがたれるかどう
か。しずくがたれる料理ならば器を持って食べ，たれない
場合は器を置いたまま食べます。さらに，器そのものの大
きさによって，持つか否かが決まります。大きい器は持た
ずに，小さい器は持って食べます。つまり，もっとも食べ
やすい食べ方がマナーにかなっていると考えてください。

　具体的には，汁物，酢の物，茶碗蒸し，箸洗い（懐石で
献立の途中に出る小さなお椀の汁物，シャーベットなど），
煮物，ご飯，これらは器を持っていただきます。

置いたまま食べるのは，焼き物，揚げ物，香の物などです。刺身は，つけじょうゆの小皿を，揚げ物の天ぷらは，てんつゆの器をそれぞれ持ちます。先付は，器が大きいときは持たず，小さいときは持っていただきます。ただし，少し大きくても汁ごといただくものは持ちます。

如何正確地使用器皿

一般說來，西洋料理和中華料理都是用不著拿起任何器皿，只要動手吃就可以，比較上不會感到猶豫或迷惑。不過吃日本料理時，會依料理的不同，有的需拿起器皿，有的卻不可以。

要如何區分呢？有一種很簡單的方式，就是看料理本身會不會滴湯水下來，如果是會滴的料理就要端起器皿來食用，不會滴的料理就可以不用端起。另外，器皿的大小也是判斷需不需端起器皿的依據，也就是說，只要採取最方便的食用方式，就符合了餐桌上的禮節。

具體而言，諸如湯類、醃醋類、茶碗蒸、箸洗（懷石料理中、套餐中途端出的小碗湯或冰泥）、鍋煮類料理、白飯等，這些都要端起器皿來食用。

箸

筷子

箸をとってから器に手を

器と箸，さてどちらを先にとればよいでしょうか？

器と箸を同時にとりあげるのを“もろおこし”といいます。“もろ”とは“諸手”のこと。このもろおこしや，器をとってから箸をとると，器を落としたり，なかのお料理をこぼしたりしがちです。

いちがいにはいえませんが，食事の際には，ふつう箸をとりあげてから器を持つようにします。

次の順序を守れば粗相がありません。

①右手で箸をとります。箸の先の方に左手を添え，右手を外側にすべらせて箸を持ちます。

②箸を持った手で器の右側を持ち上げます。

③器を左手にのせます。

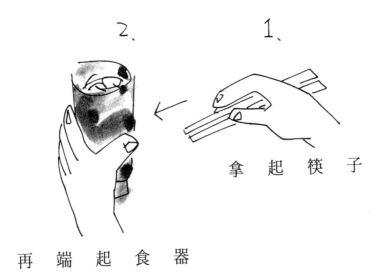

2.   1.

拿 起 筷 子

再 端 起 食 器

先舉起筷子再拿器皿

器皿與筷子到底應該先拿哪個呢？

在日文中，稱同時拿起筷子與器皿的行為是「*Moro-okoshi*」，所謂的「*Moro*」指的就是雙手。這個「*Moro-okoshi*」的意思就是說如果先端起器皿，再拿筷子的話，很容易打翻手裡的器皿或把料理給灑了出來。

當然，也不是說全部都如此，但一般用餐時，普通都是先拿筷後，再拿碗等的器皿。吃時只要依下列順序，大致上就不會顯得太粗魯。

①右手拿起筷子，用左手托著筷子使之扶正，然後調整右手的位置從外側滑到適當的位置。

②用持筷的右手端起器皿的右側。

③再將器皿移至左手。

125

ふた

碗蓋

お椀のふたを美しくとる

　お椀のふたがとれないときに，力まかせにとろうとしますと，ひっくり返したり，薄手の上等のお椀などは傷つけてしまうことになりかねません。ふたをとるときは，"力"ではなく"コツ"を使いましょう。

　そのコツは，お椀のふちを左手ではさみ，指先で内側にぐっと押すようにすると同時に，右手でふたをとること。これでたいがいのふたはとれるはずです。

　これでもとれないときは，料理店の場合は仲居さんに頼むのはいっこうに差しつかえありません。さて，ふたをとった後，ふたの内側のしずくをお椀のなかにふりおろしている方をときどき見かけますが，これはいけません。とったふたをお椀のふちにつけて立て加減にし，静かにしずくを切るのが，美しさを感じさせるマナーです。

如何輕鬆掀起碗蓋

萬一碗蓋打不開時，千萬不要用力去扳，因為那很容易打翻，如果是高級而薄的碗則一不小心就會刮傷，掀開碗蓋用的不是「力道」，而是「竅門」。

其竅門就是用左手拿住碗身，並用手指押往內側的同時，再用右手掀開碗蓋。一般說來，這種方法大多可以輕鬆的掀開任何碗蓋。

如果用上述方法還不能夠掀開時，可以逕自拜託店裏的服務人員幫忙也無所謂。我們常可在店裏看見有人掀開碗蓋後，習慣把蓋子內側的水滴往碗裏倒，這是不對的，正確的做法是將掀起的碗蓋靠在碗的邊緣處，輕輕地將湯水瀝乾，這才是優雅的用餐禮儀。

ふた

碗蓋

とったふたはどうする?

　とったふたは，器の右側にあお向けにして置くのが基本
のルールです。ふたが２つのときは，ふた同士を重ね合わ
せて置きます。ただし塗りものの場合は，重ねると傷がつ
きますので厳禁。きちんと２つ並べて置いてください。

　ふたはそのまま出番がないのかというと，そうでもあり
ません。"盛り込み"といって，大きな鉢にお料理が数人
分一緒に盛られている場合は，ふたをとり皿がわりにしま
す。また，一人前ずつ盛りつけられているときでも，器が
大きい場合は，いったんふたにとっていただきます。

　熱いものは熱いうちに——一度お椀を手にしたら，食
べ終わるまでテーブルに戻してはいけないといわれており
ますが，量が多くてどうしても一時中断する場合もあるで
しょう。そのときは忘れずにふたをしてください。

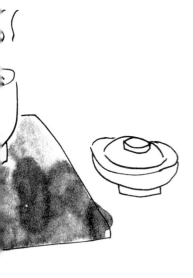

如何放置掀起的碗蓋

　　將掀起的碗蓋擺在器皿的右側是一種基本規矩，當碗蓋有兩個時，要重疊擺放；不過若是漆器的話則不可以重疊擺放，因為那會造成刮痕，所以必須並列排放。

　　是不是碗蓋就此沒有作用了呢？其實不然，有些場合廚師會將很多人份的料理放在一個大盤子上，這時候碗蓋就取代了小碟子的功用，又有些料理雖是一人份的，但由於器皿過大，同樣也可先盛到碗蓋後再食用。

　　熱的要趁熱吃，雖然一般的習慣是一旦拿起了碗，就是吃完後才可以再放回桌上，可是，如果份量真的很多時，當然也可以先擱下休息一會兒再吃，這時候可別忘了再把蓋子蓋回去喔。

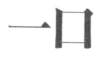

一口

一口で食べられないときは

　日本料理は，一口で食べられる大きさ "一口大" が料理作りの鉄則のひとつであり，大きさの基準になっています。しかし素材によっては形がくずれてしまいますので，すべて一口大というわけにはいきません。

　そのような場合でも，お箸で切りやすいように，そして食べやすいように工夫されています。その工夫のひとつが "隠し庖丁" です。"しのび庖丁" ともいいますが，素材の裏側など見えない部分に，そっと庖丁目を入れてあるのです。これでお箸でも楽に一口大に切れます。

　お客さまが食べやすいように，このような工夫がされているのが日本料理。かぶりつかなければ食べられない，ということはあまりありませんから，安心して箸をつけてください。

要以一口的大小

當無法一口吃下時

　　日本料理的製作鐵則之一，原則上是會將料理的大小作成可剛好一口吃下的形狀。不過由於素材的不同，會因不破壞其原有形狀的考量下，也不是全部都是「一口」的大小。

　　像這時候廚師大多會花點工夫，讓料理容易用筷子夾起或易於食用，其中一個事先工夫就是「隱藏式切法」，又稱為「暗地切法」，就是在素材內側等看不到的地方，悄悄割上一刀，如此一來，用餐的人也可以輕鬆的用筷子，切成適當的大小。

　　讓客人容易入口，這些為客人著想的巧思（事前工夫）也是日本料理的精神。也不會發生「不費勁咬，就無法吃」的情況，因此請安心的用筷子來食用。

工夫

工夫

ヌルヌルしたものはどのように食べる？

　また，表面がツルツル，スベスベしている材料は，お箸でとりやすいように切り方が工夫されています。

　たとえば，アワビ，タコなどのお刺身に用いる"さざなみ造り"。庖丁をうねらせて，ちょうど小さな波，さざなみのように段をつけます。切り口のおもしろさもさることながら，箸使いがどうも苦手という人でも，さっとはさめる切り方です。

　こうしたいくつかの工夫はしてあるものの，ヌルヌルして，お箸でどうもとりにくいものもあります。しょせんできないことを成しとげようとしているたとえに，"塗り箸にとろろ"とか，"塗り箸にナマコ"といいますが，そのナマコ，とろろの類です。

　高級日本料理店ではたいがい，すべりのよい塗り箸では

なく，すべらない杉の箸（利久箸といいます）をお出しします。そしてヌルヌルしたナマコなどの料理は，小鉢に入れてお出しします。つまり，ヌルヌルしてお箸ではさみにくいものは，遠慮なく器に口をつけて召しあがってください，ということなのです。

滑溜溜的料理，要怎麼吃？

此外，如果表面滑溜溜的材料，為了讓筷子能輕易的取用，在切法上也會下工夫。

譬如說鮑魚、花枝等拿來作生魚片時，就必須用到「碎浪切」的刀法。也就是說斜拿菜刀，在素材上切劃出如小浪花的紋路，除了富有變化的切口讓人感覺新奇外，對於不善拿筷子的人而言，也可一下子拿起來，確實是方便多了。

不過再怎麼花心思，總是還有一些很難用筷子挾起的滑溜溜料理，日語也有一句話形容「原本不可能成功的事，強而為之」是用「用筷子挾山薯漿或是用漆筷挾海參（如：中文的麻繩栓豆腐，白費力氣）」這也說明了海參及山芋類的料理是非常難挾。

大體而言，高級日本料理店是不會用易滑的漆筷，而會為客人準備不易滑的杉木筷（利久筷），而在端出海參等滑溜溜的料理時，會使用較小的碗。換句話說，滑溜溜而無法用筷子的話，就不用客氣，直接用碗端到嘴邊食用。

速度

速度

食べるスピードをあわせる

　日本料理にかぎらず，他のお料理でも，会食する場合には同席の方たちと食べる速度をあわせるのが大事なマナーです。

　自分だけ早食いをして他の方たちを焦らせたり，その逆に，自分だけ遅すぎて，まわりをイライラさせたりしてはいけません。その席に主賓がいる場合は，その主賓の食べる速度にあわせます。主賓がいない場合は，目上の方などにあわせ，同席者の食べる速度を統一していくようにするとよいでしょう。

　フランス人のお客さまに教えていただいた名言ですが，あちらの方は"食べることは本能，だが巧みに食べることは芸術である"というそうです。よく考えてみると，巧みに食べることは，知性のあらわれでもありますね。

配合他人，調整用餐速度

不僅是日本料理，其他料理也是一樣，當眾人一起用餐時，配合同桌用餐者的速度來進餐，是一項很重要的禮節。

如果只有自己吃得很快，往往會讓同席者不安，相反地，若自己吃得太慢，也一樣會使旁邊的人坐立難安。如果主賓在場的話，要配合客人吃的速度。如沒有主賓時，大家可以配合長輩把全席者的用餐速度加以統一。

曾有一位法國客人教了我一句名言：「在法國，大家說吃東西是一種本能，但是如何巧妙的吃，則是藝術」。仔細想想，的確如此，「吃的有技巧」也可以看得出一個人智慧和修養吧。

残す

<u>残留</u>

残さないで食べるのがマナー

　たくさん注文して食べ残してもよいのが中国料理，とう
かがったことがあります。2〜3日がかりで"満漢全席"
を食べるお国柄らしいマナーと，そのとき思いました。

　一方，日本料理の場合は，残さずにきれいに食べるのが
よしとされています。つがれたお酒も飲みほすのが基本の
マナー。それ以上飲めないときは，お断りします。

　お料理は，とりまわして自分のお皿にとったものは，必
ず残さずいただくこと。お皿にとって残すと，まずいので
食べない，と思われてもしかたがありません。お招きをう
けているときは相手に失礼ですし，そうでないときも同席
の方にとって，気分のいいものではありません。

　一人分ずつのお料理でも，お腹がいっぱいになってきた
ときは，お箸をつける前に手近にあるふたなどに食べられ

る分だけとりわけます。そして，できるだけ形をくずさず
きれいに残し，「おいしいそうだけど，お腹がいっぱいで」
という言葉を必ず添えます。お腹に余裕があってそのお料
理だけ残すときは，「子どもの頃からの食べず嫌いで」と，
まずいから残すのではないことを伝えましょう。

不剩，全部吃完是用餐禮節之一

　　可以點許多菜，吃剩也無所謂的是「中國料理」，
當然更有花 2 ~ 3 天來享用的「滿漢全席」，我想這倒
也是符合當地國情與禮儀的一種作法。

　　可是日本料理的話，全部吃乾淨才是禮貌，且別人
倒酒給你也必須喝完，這是最基本的禮節，當不能再喝
時，只要明白的表示並婉拒就可以了。

　　至於料理方面，挾到自己盤裏的東西一定要吃完，
因爲當盤裏有剩餘東西時，也許會被誤解是不好吃所以
才不吃，如果是應邀參加飯局的話，這種舉止會造成對
對方的失禮，同時對於同席者的進餐情緒也會造成影
響。

　　當肚子有點飽時，即使是一人份的料理也要先就近
拿個碗蓋分裝能吃得下的份，而且分裝時要盡可能保持
料理原有的外形，同時說一聲「好像很好吃的樣子，不
過我真的吃不下了」。如果是還吃得下但只留下某一道
料理時，便可說句「我從小就不敢吃這道菜」，以免讓
人誤會是因爲難吃才留下來的。

合図

表示用餐完畢

廚師

食べ終わったという合図は?

西洋料理では，お皿にナイフとフォークを斜めにそろえて置けば，その料理はごちそうサマ，終了のサインです。

しかし日本料理にはこのサインがありません。おもてなしをする側，サービスする側としては，器をさげて次の料理を運んできてよいものかどうかが常に気にかかります。

食べ終わった器は，折敷の場合はその外に，テーブルの場合は，自分の正面から外して左右どちらかに置くのが，暗黙の終了の合図です。さらに片づけやすいように，会食者全員の器をまとめて置くなどの心づかいを見せればもう完璧です。

"美味"というのは作る人，給仕をする人，食べる人の三者が一体となって作られるもの。お客さまのそうした心づかいは，仲居さんから調理場にも伝わるものなのです。

女服務生

味道真好！

如何表示已經吃完了呢？

　　在西洋料理的場合中，將刀叉對齊一併斜放在餐盤上，就代表這料理已經用畢，暗示服務生可以將餐具收走的意思。

　　可是，在日本料理中沒有這種暗示，因此不管是餐館的老闆或服務生，都會很注意何時該收走桌上的餐盤，以便送下一道料理。

　　吃完的餐盤，如果是放在漆盤上的餐點則擱在漆盤外面，若是一般的餐桌，則可放在離自己正面略遠些的左右兩側，這就是用餐完畢的暗示。當然還可以更替服務人員著想，將同席者的餐盤稍作整理後，整齊地擱到一旁，這樣的舉動可就更完美了。

　　「美味」是要靠廚師、服務生、用餐者「三位一體」才可能達成，客人為了餐飲人員的方便，做出上述的親切舉動，相信服務人員也會將客人的這份體貼傳達到廚房中。

つま楊枝

牙籤

つま楊枝の使い方

　外出するときに楊枝入れを持つことが，いまでもたしなみとして，一部のあいだでおこなわれています。

　しかし，そのような方は現在ではごく少数派。そのかわりというか，小骨の多い魚や繊維質の材料を使ったお料理を出す日本料理店では，必ずつま楊枝が用意されております。

　このつま楊枝，外国の方は嫌ってあまりお使いにならないようですが，"武士は食わねど高楊枝"という言葉にも出てくるように，食後に楊枝を使うのは，日本の習慣のひとつでしょう。

　ただし，目上の方の前で楊枝を使うのはタブーとされています。また，使う場合には，同席の方に不快感を与えないように，おおっぴらでなく，懐紙やナプキン，なにもないときには片手で口もとを隠す，というのが楊枝のマナー

です。

また楊枝は，箸では取りにくい貝類の身を取り出した
り，お椀のふたがあけにくいときに，ふたとお椀のあいだ
に差してすき間をあけるなど，食卓では重宝される小道具
です。

牙籤的使用方法

日本人外出時，隨身攜帶牙籤是以前流傳下來的習
慣，至今還是有極少數的人仍保有這項習慣。

不過就現代的眼光來看，這些人可說是相當罕見的
少數派。相對地，現在的日本料理店都會準備牙籤，以
便客人在食用小骨頭較多的魚類或纖維質的材料後使
用。

或許外國人士不喜歡此物而不太去使用它，但是日
本人的確有飯後使用牙籤的習慣，甚至日本還有一句俗
諺說「武士沒飯吃時，仍然要叼根牙籤」，這意思是說
「武士們真有氣節，沒飯吃也要叼根牙籤，假裝吃飽
了。」

話雖如此，但在長輩前面使用牙籤是一種禁忌，而
且在使用時必須注意不能帶給他人不快，必須用懷紙或
餐巾，或用手遮住嘴巴，這是使用牙籤時的基本禮貌。

牙籤還有其他用途，當我們吃不易用筷子取出的螺
貝類，或是碰到很難掀開的碗蓋時，就可以將牙籤插入
碗與蓋之間造成空隙再打開等，在餐桌上，牙籤可以說
是一個很重要的小道具。

懐紙

懐紙

懐紙を忘れずに持参する

　西洋料理にはナプキンはつきものですが，日本料理の席
ではついていないこともあります。日本料理でこのナプキ
ンに相当し，欠かせないものが"懐紙"です。この懐紙，
実はナプキン以外にもさまざまな使い道があります。

　ある日うちの調理場で，お座敷からさがってきた器の片
づけにかかっていた料理人たちから歓声があがりました。
見ると，お客さまがおいていかれた懐紙があり，魚の骨な
どの上に飾りに使った花びらが見事に散っていました。

　懐紙はいろいろと重宝なだけでなく，このように優雅な
演出ができる小道具です。文房具店，茶道具店，デパート
などで買い求め，高級な日本料理の席には必ず持参してく
ださい。もし，忘れた場合はしかたありませんが，この際
にティッシュで代用するのはタブーです。

別忘記隨身攜帶懷紙

西洋料理通常會準備餐巾，可是日本料理就不一定了。在日本料理中，可取代餐巾用途的就是「懷紙」。除了當餐巾以外，懷紙還可以有很多種其他用途。

有一天店裏的廚房中，廚師們突然發出了讚歎聲，這是在整理收下的碗盤後所發出的，一探究竟之下，原來是某位客人將用來裝飾魚骨的花瓣很漂亮地灑落在懷紙上，就如同一幅美不勝收的藝術小品。

在很多場合中，懷紙不僅是很重要，有時還可以像上述的客人一樣變成一個優雅的小道具，懷紙在文具店、茶道用品店、百貨公司等都可以買得到，當我們前往高級的日本料理店用餐時，別忘了要攜帶一些。如果忘了帶，也不用自作聰明地拿面紙取代，因為這在日本是種禁忌。

懐紙

懐紙

懐紙を使いこなす

　懐紙は輪を手前にし，1枚ずつ上に折り返して使います。食事の始まる前に，和服のときは胸もとに，洋服のときはポケットなど，さりげなくとり出せる場所に入れておくか，折敷の下，お座敷の場合は座布団の下にはさんでおき，次のようなときにとり出して使います。

①魚，鳥，海老などの骨や殻をとるときに，懐紙で頭をおさえる。（たとえば，鮎の中骨ぬきなど）。

②小骨や種を口から出すときに，懐紙で口もとを隠す。

③お料理を口に運ぶ際に受け皿がわりに下に添える。お菓子の場合は懐紙にとっていただく。

④杯や器についた口紅や箸先の汚れを懐紙でぬぐう。

⑤食べ終わった後に，骨や殻をむき出しにせず，懐紙で隠す。

懷　紙

如何使用懷紙

　　將懷紙捲成一卷，然後單張單張地對折使用。用餐時如果穿的是和服，則將懷紙插在胸口前的衣襟上，若是西服洋裝，則可直接置於口袋裏；或者放在可隨時取出的地方，及置於漆盤下面，如果是和室房間則可夾在座墊的下面，遇到下列情況時就可拿出來使用了。

　　①要去掉魚、雞、蝦子等骨頭或外殼時，可用懷紙按住一端（譬如要剔掉香魚中間的骨頭時），要吐出骨頭或種籽時，可用懷紙遮住嘴角。

　　②當挾食物要送到嘴裏時，可用懷紙替代餐碟置於其下，或是吃甜點時可用懷紙來食用，避免用手直接接觸。

　　③杯子或器皿沾有口紅印或筷子前端需擦拭時，也可用懷紙。

　　④用餐完畢後，避免將骨頭或殘殼直接暴露於外，可用懷紙包住。

第4章

日本料理の
いただき方

日本料理的吃法

前菜

前菜

前菜

前菜の楽しみ

　前菜は，お通し，先付け，つき出しともいわれますが，献立の最初に出る酒の肴です。懐石料理では“お向”，“向付け”といわれます。

　料理人としては，お酒をすすめ，これから召しあがっていただくお料理への期待を高めていただくため，材料を考え，趣向をこらす一品です。

　たとえば，「山海の珍味」という言葉がありますが，珍しいものというのは目を楽しませ，舌に新鮮な驚きを与え，「ご馳走」の一角を立派にになっているものです。

　前菜にはからすみ，鮎の白子，このわたといった珍味が盛りつけられ，味わっていただくようになっています。

　また季節がもっとも色濃く盛り込まれているのも，この前菜です。お料理の材料はもちろんのこと，1月にその年

の干支を形どった器を使ったり，歌会始のお題をとりいれた飾りをするなど，すべてにわたって季節を感じていただけるように，料理人は趣向をこらします。

召しあがるお客さま側は，そのときどきの「季題」の趣を楽しみながら，「山海の珍味」を味わいます。

前菜的樂趣

前菜在日文又稱爲「小通（ *Otoushi* ）」、「先付（ *Sakizuke* ）」、「付出（ *Tsukidashi* ）」，是菜單上最先端上來的配酒小菜。在懷石料理中稱爲「向（ *Omukou* ）」或是「向付（ *Mukouzuke* ）」。

身爲廚師，前菜是爲了讓客人能一邊飲酒，並對即將品嚐到的料理提高期待感，因此必須仔細甄選材料及加入一點新奇感。

正如「山珍海味」這句話，珍奇的東西往往令人大開眼界，再加上味覺上的新鮮感，會使料理有高級感。

我的餐廳中的前菜是提供烏魚子、香魚白子（精囊）、海參腸衣等珍味，來讓客人品嚐。

另外，廚師也會在前菜中表現出符合季節時令的特色。不僅料理的材料如此，每年一月我們會使用當年生肖形狀的餐具，或裝飾著符合新年詩會主題的飾物等，廚師們都會費盡巧思，希望讓客人感受到季節的氣氛。用餐的客人則可一邊享受各種不同「季節」的氣氛，一邊品嚐山珍海味。

前菜

前菜

手を使ってもよい前菜

　前菜は1品とはかぎらず，2品，3品，私の店のように7〜8品つけるところもあります。小さな器は持っていただきますが，直接手を使っていただく前菜もあります。

　たとえば枝豆やそら豆。手にとって指先で皮から豆をはじき出し，口のなかに入れます。このとき，残りの片手で口もとを隠すと上品です。食べ終わったならば，皮はまとめて懐紙に包み，あいた器に置きます。

　もろきゅう，野びるも手を使います。きゅうりを手に持ち，お箸でもろみをつけていただきます。味噌を添えた野びるも同じ要領で。私の店では，2月の前菜に節分にちなみ "鬼爪"（かにの爪の揚げ物）を出しますが，これもお箸ではなく手でとります。また "ウズラの山椒焼き" のような小さな骨つきのお料理も，手に持っていただきます。

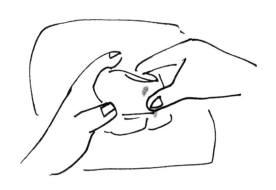

可用手取食的前菜

前菜不僅限於一道菜，可以有第二道、第三道，也有如我的餐廳一般會出七樣或八樣。一般是將前菜盛在小小的食器中，但有時也可以用手直接取食。

例如毛豆或蠶豆，拿在手中用指尖擠出豆子，放入口中。這個時候如用另一隻手掩蓋嘴角，會顯得更有教養。吃完後，將懷紙把剝下的皮一起包好，放在空的餐具中。

味噌黃瓜和山蒜也可用手取食。手拿著黃瓜，用筷子沾味噌塗上後吃。附有味噌的山蒜也是同樣的訣竅。在我的餐廳，二月的前菜會端出「節分料理」的「鬼爪」（註：此日為日本的打鬼日，以撒豆驅魔，為立春的前一天）。「鬼爪」（炸蟹爪），這道前菜也是用手而不用筷子食用。另外，像「花椒烤鵪鶉」這種帶小骨頭的料理也用手取食。

お椀物

湯類（用漆木碗裝的湯）

お椀物について

　お椀のふたをあけて一口召しあがるお客さま。その姿を見た仲居さんが，調理場にちょっと緊張した面持ちで「お料理屋さんか料理人，ともかく同業の方です」と報告してくることがあります。お椀の一口目を口のなかでころがし，五感を総動員させて味わっている様子に，仲居さんたちはそう判断したのです。

　私たち日本料理の関係者たちは，"椀，刺"ということをよく口にします。椀はお椀物，刺はお刺身，つまりお椀と刺身の味で料理場の力がわかるといわれているのです。それだけに献立のなかでも特に緊張し，力も注ぎます。

　西洋料理でもスープとメイン・ディッシュに一番力が入っているそうですから，お椀，つまりスープの重要なことはどこの国の料理にも共通しているのでしょう。

お椀はふたをあけたときに目に入ってくる色どりの美しさ，口もとに近づくにつれてただよう香り，そして，一口いただいたときに口のなかに広がるおいしさ，この3つの要素を備えていなければなりません。色どりと香りを楽しみながら，一口目を"飲む"のではなく"味わう"こと。

關於湯類

某位客人掀起碗蓋後，慢慢地品嚐著第一口。服務人員看到他的樣子，緊張地跑到廚房報告：「那個客人若不是經營餐飲業就是廚師，總之一定是同行」。這是因為服務人員看到客人喝第一口時，把含在口中的湯，置於口中反覆吟味，彷彿是用五感來品嚐的樣子，才做此判斷。

我們從事關係日本料理的人常把「椀（湯）」、「刺（生魚片）」料理，掛在口頭上，提醒他人要注意。「椀」指湯，「刺」指生魚片，換句話說，從湯和生魚片的味道，就可以判斷廚房的功力如何。因此，在菜單中我們會特別注意此等料理。

據說西洋料理中，最重視的就是湯和主菜，我想「湯」在料理中所扮演的重要性，應該是所有國家所共通的。

當掀起碗蓋時，眼睛欣賞的是碗中的美麗景色、接近口唇時，則細細品聞所散發的香味，接著，嚐第一口時，要讓口中美味擴散開來，這三項都是「湯」所必須具備的要素。湯除了要欣賞配色和香味，「第一口」切記不要囫圇吞下，而要慢慢品嚐。

お椀物

湯類

お椀物の食べ方

お椀のおいしさは "だし" にかかっています。お椀の一口目がおいしいということは、この後に出てくるお料理もだしがきいていておいしい、つまり期待できるということ。一口目をしっかりと味わう、これは私たち同業者だけでなく、食通の方たちのいただき方でもあります。

まず、お椀のふたをあけ、お椀を両手で持って汁を一口いただきます。それからお箸で椀種（お椀の中心の魚介類の具）、椀づま（添えの野菜の具）をいただくわけですが、その前にお箸をとらねばなりません。

①左手でお椀をしっかり持ち、右手でお箸をとります。

②箸先を、左手の薬指と中指のあいだに入れます。

③お箸を左手の薬指で支えながら、右手のお箸を持ち直します。

④左手の指からお箸をはずします。具をいただいた後に汁に移るときは，お箸を左手の人差し指と中指のあいだにはさむか，膳に戻すかします。両手でお椀を持ち，音を立てないように汁をいただきます。こうして汁と具を食べ終わったら，お椀をもとの位置に置き，ふたをします。

湯類的品嚐方法

「湯」的美味決定在高湯（*Dashi*）。如果從第一口起便讓人覺得好喝，會讓人期待後面的料理。從第一口仔細品嚐，不僅是我們餐飲同業，也是精通美食老饕們的吃法。

首先打開碗蓋，兩手捧起碗先喝上一口。再用筷子挾起碗中的海鮮或蔬菜等，當然得先拿起筷子。

①左手拿好碗，右手拿筷。

②把筷尖放在左手中指和無名指之間。

③用左手無名指穩住筷子，用右手托著筷子。

④把筷尖拿離左手。當吃完碗中菜餚要開始喝湯時，把筷子挾在左手食指和中指間，或放回桌上。兩手持碗，喝湯時不可發出聲音。喝完且將碗內材料食畢後，蓋回碗蓋。

吸い物

湯

お吸い物の礼儀

　お吸い物は汁と具を交互に，しかもお膳に戻さず一度に
いただくのが礼儀，といわれます。しかしこれはなかなか
むずかしいので，途中でお膳に置いてもよいが，熱いうち
にいただくのが基本のマナー，というのが私の考えです。
　時間がたちますと，"吸い口"（香りのもととなっている
木の芽や柚子など）の香りがとんでしまいます。なかには，
吸い口の香りはふたをあけた瞬間，鼻先にパーッと立ちの
ぼる香りを楽しめばいいと，ふたに吸い口をとり，それか
ら汁をいただくという方もいます。また，お酒飲みの方は
よく「飲んだ後に冷たくなった吸い物の味は格別」といい
ますが，これは別の味わいです。お吸い物はやはり熱いう
ちが一番おいしく，冷めてしまって煮返しを頼むのは，
せっかくの風味を殺してしまう最悪のマナーでしょう。

喝湯的禮節

　　正確的喝湯方式是湯與料要交替著吃，而且是一次用完之後才放回餐桌上，不過，這要執行起來確實有些困難，所以我個人認為，即使喝到一半還是可以暫時擺回餐桌，只要遵守趁熱用完的原則就可以了。

　　隨著時間的經過，加在湯裏的香菜或引味料（如木芽或柚子等）的香味也會跟著散掉。有些人喜歡品聞打開碗蓋時，那瞬間撲鼻而來的香味，甚至還有些人會先將香料挾起，置於碗蓋上，然後再開始喝湯。還有平時喜歡喝上兩杯的人也常常說：「喝過酒後，再喝些已變涼的湯特別有味道」，當然這又是另外一種風味了。不過再怎麼說，湯還是要趁熱喝才好，如果變冷了再拜託廚師回鍋熱一下，那麼先前廚師為你精心調製出來的味道就會大打折扣，這也是最差的禮儀。

お造り

<u>生魚片</u>

生魚片

日本料理といえばお刺身

　日本料理の主役といえば，やはり魚です。魚を生でいただくお刺身は，魚を選別できる目や，庖丁の冴えが要求されるお料理で，十分に経験を積んだ腕のよい料理人でなければこの仕事はつとまりません。料理店では普通"花板^{はないた}"と呼ばれる料理長が腕をふるいます。

　脂がのった旬の，それもウロコがびっしりとそろっていて色つやのいい，エラの鮮やかな赤い色をした魚を選びます。手を加えないだけに鮮度が命です。そのピチピチと活きのいい魚を，切れ味のいい庖丁で手早くさっと引きます。

　手早くさっと切る，ここがまた肝心のところ。魚の身に庖丁をつけておく時間が長ければ長いほど，そのぶん鮮度が落ちます。また，庖丁は切れ味がよくても，とぎたてでは移り香がするのでダメ。前もってよくといでおいた，手

入れのいい庖丁を使うなど，お刺身に関してはすべてにわたって細心の注意をはらいます。

"お造り"といわれるお刺身は，献立の華，日本料理の粋。新鮮な魚が持つ甘美さを十分に堪能しながら，庖丁をふるった料理人の技，心意気をちらっと思いやってください。

日本料理的代表作 ——生魚片

在日本料理中扮演著最重要的角色，不用說就是魚。將魚生食的生魚片，在料理要求上，除了要能夠具備挑選魚的好眼光及用刀俐落之外，如果沒有具備烹飪經驗的廚師，是不可能擔負起此一大任的。在日本料理店裏，一般都是由被稱爲「花板」的大廚負責，展現其功力。

用來做生魚片的魚，一定是當令季節且脂肪飽滿的魚類，同時要選擇魚鱗漂亮而完整、加上色澤亮麗，及魚鰓呈鮮紅色等的條件。因爲不再做任何的加工處理就要生食的關係，因此「鮮度」至爲重要。同時處理活蹦亂跳的魚時還必須以快刀，迅速的做處理。

下刀要快，這也是重點，因爲刀子在魚身上停留過久的話，其鮮味就會流失。此外，如果用的是剛磨過的刀子，即使切口凌利，但因爲已沾上異味，也是不行。所以，生魚片用的刀子一定要事先研磨過，同時要使用保養的很好的刀子，諸如此類有關生魚片的小細節，都需要面面俱到非常細心的去注意。

生魚片也稱「*Otsukuri*」（お造り），是菜單中極爲重要的角色，也是日本料理的精髓，當你品嚐著鮮魚的甘美時，也應感謝爲你獻上料理的廚師。

お造り

生魚片

お刺身の食べ方

お刺身は、まずお皿の上、あるいは器のなかでひとひらとり、添えられているワサビ（これには殺菌作用があります）をそのほぼ真ん中に少し置いて、半分にたたみます。

そして食べるときには、おしょうゆの入った小皿を左手で持ち、二つ折りのお刺身の端をちょっとおしょうゆにひたして食べるのが粋です。食べたら小皿はテーブルに戻します。ワサビをおしょうゆにといてしまわれる方がいらっしゃいますが、これではワサビの鼻にツーンとくる香りや辛味が消えてしまいます。

脂ののったお刺身のねっとりとした味わいは、ワサビの香気と辛味にほどよくあって、うまさを増すもの。おしょうゆにワサビをドロドロにといて、このうまさを殺してしまう食べ方は、やはりヤボといわねばなりません。

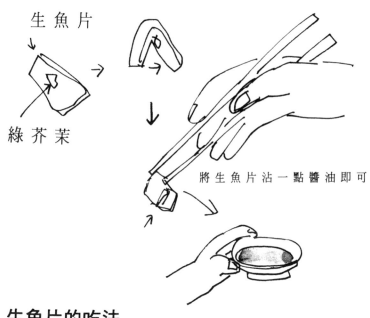

生魚片

綠芥茉

將生魚片沾一點醬油即可

生魚片的吃法

　　當你從碟子或器皿內挾起一片生魚片時，首先可先拿一點附於料理旁的綠芥末（又稱山葵具有殺菌作用）放在魚片中間，然後對折。

　　接著，再用左手端起醬油碟，將對折後的生魚片的一小端沾些醬油後食用，這樣才是正確的吃法，吃完後再將醬油碟放回餐桌。有許多人習慣把芥末混入醬油裏一併沾著用，但是這麼一來，芥末入口時，就少了那份辛辣直衝鼻頂的香味了。

　　生魚片的美味，就在於鮮肥的魚肉伴著適量芥茉的辛辣香味下口的那一刹那，如果把芥末攪拌於醬油中而變成糊狀，那不但會扼殺原有的美味，而且這種吃法也有點不太入流喔。

お造り

生魚片

お刺身はツマもいただく

　お刺身についているツマは，漢字で"妻"と書きます。
このツマは，文字どおり"主人"のお刺身を引き立て，そ
の生臭みを消し，また栄養面で補うなど，内助の功ぶりを
発揮いたします。

　お刺身には数種類のツマがついてきますが，単なる"色
どり"ではなく，基本的に全部食べられると思ってまちが
いありません。

　そのひとつ"花穂じそ"は，お刺身をいただく前にお箸
でしごき，おしょうゆの小皿に入れておきます。他のツマ
（せんぎり大根や海草）は，お刺身の間あいだに口にしま
す。魚の生臭みが消え，口のなかがさっぱりします。

　また，ツマをお刺身にはさんで一緒にいただくのも，琴
瑟相和すといいましょうか，結構かと存じます。

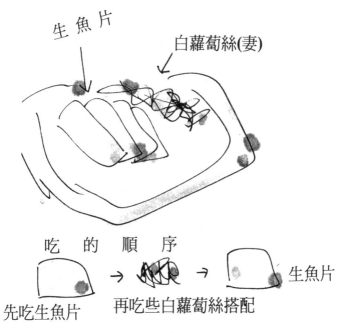

生魚片

白蘿蔔絲(妻)

吃 的 順 序

先吃生魚片 → 再吃些白蘿蔔絲搭配 → 生魚片

生魚片可和配菜一起食用

　　附於生魚片旁邊的配菜如白蘿蔔絲等稱之為（tsuma），漢字寫成「妻」，顧名思義就是襯托「一家之主」生魚片用的配菜，它具有消除魚腥味或補充不足的營養等，具發揮賢內助的功效。

　　生魚片的配菜有時會配上很多種，它的作用不單只是配色上的考量，基本上，所有的配菜均可食用。

　　其中一種「花穗紫蘇」是在食用生魚片前，用筷子將之搗碎後放入醬油中調拌食用，其他的配菜（白蘿蔔絲或海草）則是在吃生魚片中間搭配著吃，不僅可消除魚腥味，還可保持口腔內清爽。

　　如果想將配菜包在生魚片裏食用當然也可以，也有人稱之為「琴瑟和鳴」，這也是不錯的搭配。

焼き物

焼烤料理

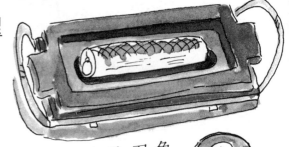

烤 秋 刀 魚

焼き物について

　焼き物は，献立の真ん中あたりに出されます。昔から，「焼き物の冷たきは無下の下手なり」といわれていますので，熱いうちに召しあがっていただけるように，料理人は時間をはかって焼き始めます。焼き直しがききませんので，出されたらすぐ，熱いうちに味わってください。

　魚は，身ばかりでなく，はらわたのおいしさもぜひ味わってみることをおすすめします。海の魚の王様が鯛ならば，川魚の王は鮎。そして塩焼きでもっともうまい魚といえば，鮎をあげる方が多いようです。「川物総じて30分」といいまして，ゆっくりと時間をかけて焼き上げた鮎は，骨までふっくりと焼けて香ばしさもひとしおです。

　ここで忘れてならないのが，俗に"にがだま"と呼ばれるはらわたのほろ苦いおいしさ。一方，大衆魚または下魚

（下等な魚）といわれる秋刀魚のはらわたも，また甘味が
ありおいしいものです。

　私の店では，１匹ごと選んだ１本よりの秋刀魚や鰯をお
出ししていますが，お客さまは「目黒の秋刀魚」のお殿さ
まさながら，新鮮な下魚のおいしさに驚かれるようです。

關於燒烤料理

　　燒烤料理會在套餐的中段時間出現，自古以來即流
傳一句「涼掉的燒烤料理是世界上最難下嚥的東西」。
所以，廚師一定要算準時間進行燒烤，使客人能吃到熱
騰騰的燒烤料理，由於燒烤這種東西不能回鍋重新加
熱，所以要趁熱吃。

　　魚類不僅僅只有魚身肉的部份好吃，推薦您一定要
嘗試一下魚腹部的美味，如果說海魚中最美味的魚王是
鯛魚，那麼河魚王可說是香魚了。此外，如果問起用鹽
烤方式烤出來最好吃的魚是哪種魚，聽說大多數人都會
回答是香魚。香魚的料理方式有很多，日本料理界有句
話：「烤河魚最少要花上 30 分鐘」，經過長時間用慢火
烤出來的香魚，不僅魚肉帶骨都軟嫩無比，就連其香味
也是別具一格。

　　在這裡要特別一提的是，不要忘記品嚐一下魚腹的
「苦味」，即是魚的內臟略帶苦澀的美味，這種來自一
般普通魚或較便宜的魚類都帶有的苦味，譬如秋刀魚等
的腹部，這種略帶有甜的苦味非常好吃。

　　在我店裏，提供給客人享用的秋刀魚或沙丁魚都是
經過精挑細選的，當客人看到這些不應出現在高級料理
的大眾魚，往往都會訝異這些魚為什麼會這樣的美味。

焼き物

焼烤料理

魚　骨　頭

切り身の魚を食べるとき

　切り身のお魚は，箸で一口大に切っていただきます。できるだけお皿を汚さないように心がけ，懐紙を使いこなしますと，いただき方がワンランク上がります。

　お箸で口に運ぶときは，懐紙を下に添えます。また，小骨を口から出すときは，吐き出したり，手でとり出すのは品よくありません。必ずお箸で受けとってから出しますが，その際，懐紙で口もとを隠すようにしますと，見た目にたいへん上品な印象を与えます。

　一般に魚は，皮と身のあいだの脂がおいしいとされ，皮も召しあがってそのうまさを味わっていただきたいところです。

　食べ終わった後，骨を皿の片すみに寄せ，あしらいものや懐紙で隠せば完璧です。

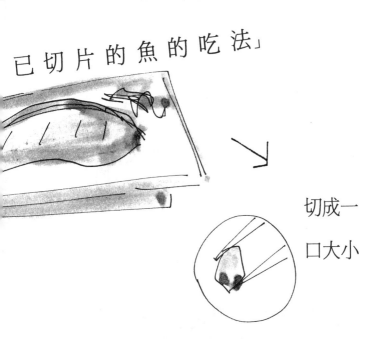

「已切片的魚的吃法」

切成一
口大小

享用已切塊烤魚料理時

　　吃已切片的烤魚料理，可先用筷子切成一口的大小
然後再食用，而在切的時候要盡可能保持餐盤的乾淨，
這時如果能配合懷紙使用的話，那就更高雅了。

　　當用筷子將食物送進嘴裏時，最好是用張懷紙平置
於嘴下方，因為如果要吐出魚骨時，直接從嘴裏吐出或
用手拿都是不太合禮儀，這時應該是用筷子挾出才對，
若還能以懷紙遮住嘴角，會帶給人相當好的印象。

　　一般認為、魚皮與魚身間的脂肪是最好吃的部份，
不過也可嘗試一下魚皮的美味。

　　用餐完畢後，要將魚骨頭置於餐盤的一角，上面可
以拿配菜的裝飾或懷紙加以掩蓋。

焼き物

燒烤料理

尾頭付きの魚を美しく食べる

　尾頭付きの魚は，焼き魚でも，煮魚でも，頭が左に，お腹が手前になるように盛りつけられています。もちろん，手前のお腹のところから箸をつけます。

　表の上身を食べ終わったならば，頭，骨，尾を身からはずし，お皿の向こう側に置きます。そして下身に箸をすすめます。お魚を裏返しにしたりするのは，原則として禁止です。

　ただし，鯛<ruby>鯛<rt>たい</rt></ruby>のように骨が身からはがれにくい魚にかぎり，裏返しが認められております。この場合，上身を食べ終わったならば，裏返して下身を。

　焼き物についている添え物のハジカミ（酢どりしょうが），菊花かぶなどの酸味は，焼き物の後の口直しです。最後にいただき，口のなかをさっぱりとさせます。

如何享用帶有頭尾的魚

　　不論是烤魚或煮魚，帶有頭尾的魚料理一定是魚頭
向左、魚肚朝著食用者方向，當然用筷的順序也是從魚
肚的地方下手。

　　當吃完朝上的魚肉時，直接將頭、骨、魚尾從魚身
上取下放到盤子的另一端，然後再繼續吃面朝下的魚
肉，日本料理原則上是禁止將魚翻身。

　　不過，有些魚類如鯛魚很難將骨頭從魚身上取下，
像這類魚就可以在吃完上面半邊的魚肉後，直接翻過來
繼續吃背面的魚肉。

　　燒烤料理的配菜有醋漬生薑、菊花瓣等醋醃品，這
是吃完燒烤料理後用來清口用的，當你吃完燒烤類，最
後可來點酸的，讓口中清爽一下。

焼き物

燒烤料理

香魚

鮎の塩焼きの食べ方

　"香魚（こうぎょ）"といわれる鮎（あゆ）は，日本料理では松茸，タケノコとともに大事な素材です。味わいどころは"にがだま"（内臓）。この魚にかぎり，他の魚をいただくように上身から箸をつけていくという食べ方では，そのうまさを知ることはできません。食べ方は，

①懐紙を使って頭を軽くおさえ，お箸で背びれと腹びれをとります。とったひれは，お皿のすみにまとめて置きましょう。

②身を骨からはなれやすくするために，頭から尾の方に向けて，お箸で2，3度おさえます。

③鮎を起こして背側を上にし，お箸で同じようにおさえていきます。

④もとに戻し，頭をとり，お箸で尾のところの上身と下身

を箸で切り，尾を持って右側にゆっくりと骨をぬいてい
きます。

⑤お箸で身を一口分ずつ切りはなし，"たで酢"を少しつ
けていただきます。これで身も"にがだま"も味わえま
す。

鹽烤香魚的吃法

香魚在日本料理中，與松茸、香菇同樣是重要而不
可或缺的食材。特別是吃香魚時，如果和吃其他魚一樣，
從上身開始吃的話，是無法知道其美味的。正確的吃法
是：

①用懷紙輕輕的將魚頭按住，然後以筷子取下背
鰭和腹鰭，將取下的魚鰭整齊地置於碟子的一
角。

②爲了使魚骨頭很容易地自魚身剝離，以筷子將
魚頭朝魚尾方向按壓2、3次。

③將香魚立起來使魚背朝上，用筷子以同樣方式
按壓幾次。

④放回原處，取下魚頭，用筷子將魚尾處的上下
魚身分開，挑起魚尾慢慢地朝右側抽出魚骨。

⑤用筷子將魚肉切成一塊一塊後，沾少許已調味
的醋食用，如此的話，不僅只有魚肉，連魚內臟
也可一併品嚐。

焼き物

燒烤料理

殻つきの料理をいただく

　帆立貝や大はまぐりなどの殻つきのお料理は，食べにくい料理のひとつ。まず貝のふたをあけ，箸で身を貝からはなします。このとき力を入れるあまり，貝が隣の席まで飛んでいってしまわないよう，左手で貝を固定します。そして箸先に力を込めて貝柱の部分をつついてはずします。

　貝の身には弾力があり，箸では切れないので，くいちぎるしかありません。この動作はともすれば野蛮に見えてしまいますが，小気味よくかんでしまいましょう。

　焼きはまぐりのおいしい汁は，ぜひ味わってください。汁は殻から直接すってもいいのですが，殻も汁も熱いのでご注意を。手近にふたや杯があれば，それに汁を注いでいただけば優雅ですし，安心です。さざえの壺焼きも，身をいただいた後で汁を同じように味わいましょう。

「蛤蜊的吃法」

帶殼的料理

　　諸如扇貝或大蛤蜊等帶殼的食材，吃法上算是較麻煩的料理之一。首先將貝殼打開，用筷子將貝肉自殼內取出，取出時切忌不能太過用力，否則貝殼有可能飛到鄰座，所以這時必須用左手按住貝殼，然後用筷子前端的力量將貝柱部分分開。

　　有時貝肉具有彈力，很難用筷子分離，因此可以直接送進嘴巴用啃的，這個動作看起來雖有點野蠻，但盡可能動作上放優雅些。

　　燒烤過後的蛤蜊湯汁鮮美無比，請務必品嚐，其湯汁可以直接拿起貝殼來吸，不過貝殼及湯汁都很燙，喝時要小心。當然，如果手邊有碗蓋或杯子，可先倒在裏面再喝，這樣的吃法不僅優雅許多，也更安全。鹽燒蠑螺貝也是在吃完螺肉後，可用同樣方法喝它的湯汁。

焼き物

焼烤料理

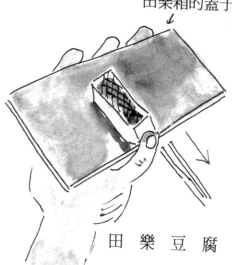

田樂箱的蓋子

田 樂 豆 腐

とうふ田楽の楽しみ方

　時代劇で江戸の町人が大小2本の刀をさした武士に向かって，たんかをきる場面があります。

「二本差しがこわくて，とうふ田楽が食えるかってぇんだ！」。

　先が2本になった青竹の串をさしたとうふ田楽。これは，とうふをふきんではさんで軽くしぼり，下焼きしたところに，たたいた木の芽（山椒の若葉）を入れた木の芽味噌や赤味噌を塗り，もう一度焼いたものです。まさに，春の訪れを告げる一品です。

　とうふのおいしい京都では，かつては町のおとうふ屋さんが木の芽田楽を田楽箱に入れ，「まいどおおきに」と出前をしていました。

　料理店の田楽も，田楽箱に入れてお出ししています。食

べるときは，串を手で持ってそのまま口にせず，田楽箱の
ふたを皿がわりにしてとうふを置きます。

　そして串をぬき，その串で田楽を食べやすい大きさに
切っていただきます。このときに，串ではなくお箸を使っ
てもよいでしょう。

如何享用「田樂豆腐」

　　當我們欣賞日本時代劇時，常常會看到一個畫面，
就是一個江戶（東京的舊名）的町民對手持兩把大小刀
的武士說：「如果我連你身上那兩把刀都怕的話，那我
就不用吃『田樂豆腐』了」，這也形容了「田樂豆腐」
是如何的庶民化。

　　「田樂豆腐」上頭有兩支青竹的竹籤串著，其做法
是先用布巾將豆腐包住後輕輕擰扭一下，然後用小火
烤，再塗上剁碎的木芽味噌或赤味噌的調味醬後，再烤
一次，這也是告知春天已經到來的一道料理。

　　日本京都的豆腐也是以美味出名，過去街坊中的豆
腐店外送時，都是將木芽田樂裝在「田樂箱」中，然後
說聲「感謝您的惠顧！」再交到顧客手中。

　　料理店的田樂也都是先裝在田樂箱後端出。吃的時
候不是用手直接拿起竹串就吃，應該是先把豆腐取出
後，放在田樂箱的蓋子上，同時可把蓋子當作餐碟使用。

　　接著將拔出竹串，並用竹串將「田樂」切成大小適
中的方塊，這時不用竹籤，使用筷子也可以。

蒸し物

蒸品

土瓶蒸しのいただき方

"におい松茸，味しめじ"といいます。日本人は，松茸の香りに秋を感じ，日本料理では，焼き松茸，お椀，鍋，松茸ご飯にとさまざまに料理し，賞味します。

　なかでも，おいしいだしでさっと調理した松茸の土瓶蒸しは，秋の献立には欠かせない代表的な一品です。

　自然というものの妙味なのでしょう。松茸の時季にあわせたように出始める"すだち"。土瓶蒸しにはこれを吸い口に使い，香り豊かに秋をいただきます。

　食べ方は次のとおりです。

①まず，ふたをあけ，添えてあるすだちをしぼります。
　（すだちのかわりに"だいだい"，"柚子"を使うこともあります）

②次に汁をちょこに注いでいただきます。

③それから，具をちょこにとっていただきます。土瓶のなかからお箸でとった具を，直接口に運んではいけません。直行ではなく，ちょこにいったんとってからいただくのがマナーです。そして，汁と具を交互にいただくようにします。

土瓶蒸的吃法

　　日本人以松茸的香味，來代表秋天的感覺，也以一句話形容：「說起香味首推松茸，若是味道則是金菇（玉蕈）」，松茸在日本料理中的用途，是以烤松茸、碗湯、火鍋及作成松茸飯等的料理方式來品嚐。

　　其中，又以用美味高湯所調製出來的「松茸土瓶蒸」為秋天菜單中最不能欠缺，也是最具代表性的料理。

　　這也好像是自然界絕妙的組合，在松茸的盛產時節裏，酸柚子也適逢盛產期。而土瓶蒸是以酸柚子做為「味引」，加上它才能夠充份地享受到秋天豐勻的香味，食用方法如下：

　　①首先打開小茶壺的蓋子，將附加的酸柚子擠汁後加入湯中。〔酸柚子之外可用橙類或是檸檬等來取代〕。

　　②將湯汁倒入附上的小杯裡。

　　③然後挾湯料於小酒杯內後食用，不能用筷子從土瓶內挾湯料直接送入口中，較禮貌的方式是挾出後先放在小杯裏再食用，此外，也可以將湯汁與湯料交互地食用。

揚げ物

油炸類（天婦羅）

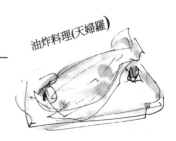

油炸料理(天婦羅)

揚げ物は揚げたてをいただく

　揚げ物は，"一汁三菜"という日本料理の基本の献立のなかでは，"替鉢"として登場します。

　一汁三菜とは，汁物にお刺身の生，煮物，焼き物がついたものですが，替鉢とは，煮物，焼き物のかわりに出すお料理をさし，揚げ物はたいてい焼き物にかわって顔を出します。

　しかし，老若男女を問わずどなたにも好まれ，いまやどこの料理店の献立にもたいてい入っている"人気メニュー"といったほうがよいでしょう。

　からっと揚がった揚げたての香ばしさ，さくさくっとした歯触りの心地よさ。これが揚げ物の身上です。

　実はうちの店では，天ぷらが女性客にとくに歓迎される一品なのですが，これには，日頃ご家庭で料理をしている

女の方は，家族に揚げたてを食べさせるのが第一で，ご自分は冷めたものしか口にされていないという事情が，その背景としてあるようです。

当店の女性のお客さま方は，揚げたての熱い天ぷらを口にし，満足なさっておられます。

油炸類請趁熱食用

日本料理的基本菜單是「三菜一湯」（一汁三菜），而其中油炸類（天婦羅）基本上是使用「替缽」這個名稱出場。

所謂「三菜一湯」指的是除湯品之外，另有生魚片的生食、鍋煮類料理及燒烤品，而「替缽」指的是取代「鍋煮品」及「燒烤類」上桌的料理，一般而言，油炸食品大都是代替燒烤料理出場。

雖稱爲是代替品，但由於受到男女老幼、不分年齡層的喜愛，目前已是各料理店菜單中，點菜率最高、最受歡迎的料理。

剛炸成金黃色時那熱騰騰的香味，加上咬下去時的清脆口感，這是油炸類天婦羅的最大特色。

其實在我的店裏，天婦羅類的料理最受女性顧客的歡迎，這可能是因爲平常在家庭中的女性常爲了能讓家人能吃到熱騰騰的料理爲最優先，而往往自己僅能吃些涼掉的，由於這個背景的關係，因此女性顧客非常喜愛此種料理。

來到敝店的女性顧客們，經常可以看見她們在用過熱騰騰的天婦羅後，帶著滿足的笑容離去。

揚げ物

油炸料理類

天婦羅

沾料

揚げ物の食べ方

　揚げ物には，だいたいつけ汁や大根おろし，レモンなどが添えられており，それをお好みでつけるのがいただき方の基本です。外国の方にもすっかりおなじみになった天ぷらを例にとってみましょう。まず，小鉢にてんつゆを注ぎ，大根おろしを入れます。

　天ぷらが一皿に盛り合わされている場合は，手前から順に。天ぷら専門店のカウンター席では，頃合いをみて揚げたてを各自の器に配りますので，それは順々に。小鉢を手に持ち，それにつけながらいただきます。

　一口で食べられないものは，箸で皿のなかで一口大に切っていただくのがマナーですが，切りにくい海老などは，歯でかみ切っていただくことを料理人の私としてはお勧めします。切りにくいものを箸で切ろうとすると，衣と身が

はがれて肝心のおいしさがなくなってしまうからです。

　海老やキスなどは，てんつゆではなく食塩でいただき，さっぱりとした味わいを楽しんでみましょう。青唐がらし（ししとう）は，魚の天ぷらのあいだ，または最後に召しあがって，口のなかをさっぱりさせます。

油炸品的食用方法

　　　一般的油炸料理類旁邊都會附上已調味的沾料及白蘿蔔研末或檸檬片等等，基本上這些配料可依各人習慣喜好添加。就拿已經廣爲外籍人士所接受的油炸天婦羅爲例。首先，將沾料汁注入小缽中，然後再放入白蘿蔔研末。

　　　當送上桌的是綜合天婦羅時，吃的順序是從靠近自己前面的開始吃起。在天婦羅專賣店的吧檯邊用餐時，廚師會配合顧客的用餐速度將熱騰騰的料理送到各自的餐具中。吃的順序也是依先後順序，可一邊拿著沾料的小缽，一邊沾一邊吃。

　　　當沒辦法一口吃完時，必須用筷子先在盤裏切成一小塊後再食用，比較難切割的如蝦子等，則可以用牙齒直接咬，因爲如果勉強用筷子去切難切的東西時，很容易會使油炸的外皮及裏面的東西分離，那麼也往往會造成好吃的部分與麵衣脫離，而無法品嚐到這美味的搭配。

　　　像蝦子或沙梭魚等油炸品，不是用沾料，而是沾鹽巴吃，如此的話可嚐一下另一種清爽的感受。而小青椒是在吃完魚類等油炸料理後才吃，可讓口中清爽一下。

酢の物

拌醋小品

拌醋小品

酢の物の楽しみ

　“春苦味，夏は酢の物，秋辛味，冬は油と合点して食え”。

　料理人としてこのような心得を私は教えられました。暑さで食欲が落ちた夏には，酢の物がなによりですが，口のなかをさっぱりとさせ，体にやさしい酢の物は，四季を通じて召しあがってほしい料理だと思います。

　酢の物は，先付として献立の最初にお出しする場合と，口直しとして途中にお出ししたり進肴として煮物のあとにお出しする場合とがあります。

　材料の中心である魚介類は，生のまま召しあがっていただくことが多く，お刺身と同じく鮮度が重要です。そして，野菜など他の材料にしても，新鮮でなければいけません。酢の物は，新鮮な材料に，それによくあった合わせ酢が，おいしさの決め手です。

二杯酢，三杯酢，卵黄を使った黄身酢，ごまを入れたごま酢，大根おろしを混ぜたみぞれ酢，くずを入れた吉野酢，梅干しを混ぜた梅肉酢……多彩な合わせ酢のバリエーションのなかから材料にあうものを選び，ほどよい酢加減で仕上げます。先付のときは，少し酢をひかえてあります。

如何享受拌醋小品的美味

曾有一位廚師指點了我他本人的料理心得：「春天的料理要有點苦味，夏天就要提供拌醋品，秋天要帶點辣，冬天則是要有油」。在炎熱的夏季裡常常令人胃口盡失，但唯有拌醋小品類最受歡迎，不僅能帶來口腔清爽的感覺，同時醋對人的身體又有莫大的助益，可說是四季皆宜的開胃佳品。

拌醋小品有時會當作開胃菜，出現於菜單的開始，另一種是在用餐中途出現，用來清爽口腔，或是在鍋煮類後獻上，藉以促進食慾。

拌醋小品的材料大都以魚貝類為主，同時以生食的方式居多，因此與生魚片一般，鮮度至為重要。如果是用其它青菜類為材料，也一定要新鮮。要作一道成功的醃醋品除了新鮮的材料外，還要加上適當的調製醋，這些才是決定美味的關鍵。

有稱之為兩杯醋、三杯醋及蛋黃所調製出來的蛋黃醋，也有加上芝麻的芝麻醋，與調混有白蘿蔔研末的雪花醋，或是摻有葛粉的吉野醋及混合梅肉的梅干醋……，在這麼多不同種類中配合材料選擇一種適當的，就可以做出一道美味無比的拌醋品了。此外，在前菜時醋味會放得比較少。

酢の物

拌醋小品

酢の物を食べ終えたら

　酢の物は酢も残さず飲んでもかまいません。このときに杯や手近なふたに注いでいただくと，上品に見えます。

　酢の物の酢はあまりきつすぎず，"吸い加減"にするのがよいといわれておりますから，酢の物の実をいただいた後に，酢を味わってみて，吸っていい，飲んでいい味であれば，その酢加減は合格点です。

　この"ほどよい酢加減"というのが肝心です。酢は塩加減と同様にむずかしく，ごく微量の差で味ががらっと変わりますから，料理人としては気をつかうところです。料理店では酢の味や香りがきつい合成酢ではなく，やわらかな香りと風味を持つ米酢を使います。そこに実である魚介類の味がしみ出しているわけですから，これはもうおいしいはず。ぜひ一口ためしてみてください。

吃完拌醋小品後

吃完拌醋品裏面的料後，把剩餘的醋汁喝完也無所謂，這時要先將醋汁倒進杯子或手邊的碗蓋裏再喝，才符合用餐禮儀。

拌醋小品裏的醋並不會令人感到太酸，因爲它是經過特別調製的，在吃完拌醋品裏面的料理後，如果聞起來不會太衝，喝起來也順。那麼這道拌醋小品可以說是及格了。

調製成「適當的醋味」是一項重點，醋和鹽巴一樣，調味到恰到好處是滿困難的，往往一點點的差別，就可以改變整道料理的味道，所以對廚師而言，調味上要非常小心。料理店中，不使用醋味及香味較衝的合成醋，而使用香味較甜且口味較佳的米醋，那也是爲了要將魚貝類的風味浸透出來，如此的話，應該是非常美味，請一定要品嚐一下。

煮物

鍋煮料理

鍋煮料理

煮物の味わい

"それぞれの料理屋の味というのは，煮物の味のこと"。父のこの考えを，私も受け継いでおります。考えてみますと，"おふくろの味"といわれるそれぞれのご家庭の味も，お刺身や焼き魚にあるのではなく，芋の煮ころがし，魚の煮つけなど，煮物の味つけをさしているようです。

　前述したように，料理屋ではふつう，調理場のトップはお刺身を担当していますが，煮物を重視する私の店では，トップの料理長が煮方を受け持っております。

　たとえば，今年の干支は猪ですが，臭みのない寒中の猪の肉を甘辛く煮て，丸大根をゆでて煮込んだのと組み合わせた煮物があります。猪と大根の組み合わせは，"しし大根"といって昔から伝わるものですが，この組み合わせの妙をひとつとりましても，煮物がいかに豊かで変化に富み，奥

の深い料理であるかがおわかりいただけるでしょう。

　煮物は，献立ではたいてい，ご飯の前に登場します。つまりお料理としては最後のしめくくりです。リレーでいえばアンカーのこの煮物。じっくり味わいながら，その料理店の味をさぐってみましょう。

如何品嚐鍋煮料理

　　家父認爲「每一家料理店都有其獨家口味，這就是鍋煮料理的味道」，我也承繼了家父的想法。仔細想想所謂「媽媽的味道」，就是代表各個家庭獨特的口味，並非指的是生魚片或烤魚，而是一些燜燉芋頭和煮魚肉等家庭料理的味道。

　　如我前述中提及，一般料理店裏的主廚負責的是生魚片，而在極爲重視鍋煮料理的本店，則是由料理長負責鍋煮料理。

　　譬如說今年生肖是豬年（註：日本的豬年爲野豬，而非中國人印象中的家豬），在寒冬中，會端出沒有腥味的野豬肉，加上煮過的白蘿蔔的鍋煮料理。野豬肉與白蘿蔔的搭配，是自古即有的料理法，但是其中組合上的巧妙，雖然只能例舉其一，但是也可表示出鍋煮料理在變化上，確實是千變萬化且頗爲深奧。

　　在日本料理的菜單中，鍋煮料理大多都是出現在白飯類之前登場，也就等於是料理在結束前收尾的一品（如中國料理的魚一般），如果以接力賽來形容的話，就相當於跑最後一棒，因爲這是代表這家店的獨家口味，值得細細品嚐。

煮物

鍋煮料理

煮物の汁をスマートにきる

　料理屋では，"焚き合わせ"といって，何種類かの煮物を盛り合わせた料理が出ます。これは，材料のそれぞれの持ち味を生かして別々に煮，そしてひとつに盛り合わせた料理です。

　これは，だいたいふたつきの器で出ます。食べるときは，お箸で食べやすい大きさに切りながらいただきます。器が小さいときは手に持ち，大きいときはふたに取っていただくとよいでしょう。

　ところで，煮物を食べるとき，箸で具をつまんで上下にふって汁をきる人をよく見かけます。これは見ていてスマートとはいえません。

　どのお料理にもいえることですが，汁をきるときには，器の横の部分に具をつければ，自然ときれるものです。

不可把湯汁甩下

要如何享用鍋煮料理

　　料理店裏有一道叫做「合煮」的料理，它是由數種燜煮料理組合而成，其做法是將多種材料分別調理，藉以避免喪失各自原有的味道，上桌前再將數種調理好的材料組合在一起。

　　這種鍋煮料理一般是裝在附有蓋子的容器中，吃的時候先用筷子切成一小塊後再食用。如果是小容器的時候可以用手端著食用，如果是大的話，則可先挾至碗蓋上後再吃。

　　在享用鍋煮料理時，有時常會看到有人挾著料再甩掉汁液，看起來這可是不太高明的吃法。

　　不論是任何料理，要把汁液瀝乾時，只要將材料橫靠著容器邊緣，自然地就可以去除汁液了。

鍋物

火鍋

日式火鍋

鍋物について

　スキヤキをはじめ，ふぐちり，水炊き，あんこう鍋，土手鍋，湯どうふ，おでん……日本料理には，いろいろな種類の鍋物があります。鍋は，私の店のようにひとり用で出すよりも，同席した方たちでひとつの鍋をかこむのが普通です。

　ここでは，そのような場合の鍋物の味わい方について書いてみましょう。鍋物のいただき方の特徴のひとつは，食べる人が料理人である，ということ。食べる人が具を入れたり，汁の加減をしながらいただきます。

　具は，一度に多く入れず，味の出やすい材料や煮えにくいものから入れていきましょう。香りの高い春菊，煮過ぎると味が落ちる三つ葉や京菜はあとに入れます。

　火加減，そして煮詰まってきたら割下やだし汁，もしく

は水を加えるなど，いろいろと気を配りながらいただきます。鍋料理には，そうした世話役がひとり必要となり，その人は“鍋奉行”と呼ばれます。

鍋奉行が決まれば，その人の指示にしたがいながら，いただいていきます。

關於火鍋

從壽喜燒火鍋，到河豚鍋、雞肉火鍋、燈籠魚火鍋、土堤鍋、湯燙豆腐、黑輪（甜不辣）等，日本料理有許多種類的火鍋。一般而言，在我的店裏，普通是大家圍爐共吃一個火鍋，這要比一個人享用還要普遍。

現在我們來談談這些火鍋類應該如何品嚐。火鍋類最大的特徵就是「吃的人就是廚師」，吃的人要邊吃邊加料，同時也要調整湯頭。

材料一次不能放太多，順序應該是先放容易出味及較難煮的材料，像有香味的春菊（類似茼蒿菜）就不能煮太久，否則煮過頭後味道就會變差，還有鴨兒芹或京菜要在後面才放。

包括火候、或者湯汁快煮乾時，要添加多少的高湯或水等等，都要在食用時多加留意。因爲吃火鍋料理時必須有人專司照管火候、配料等情形，我們稱那個人爲「掌鍋人（*Nabe bugyou*）」。

一旦決定了「掌鍋人」後，可依照他的指示，然後就可以開始吃了。

ごはん

飯類

ごはんを美しく食べる

　まず、ごはん茶碗を左手で持ちます。このとき、ごはん茶碗のふちに指をかけてはいけません。ごはん茶碗にかぎらず、器を手に持ったときに、ふちに指をかけるのは見苦しいものです。

　盛られたごはんは、手前のほうから一口ずつ口に運びます。ほおばったり、かき込んだりしないこと。上品なご婦人の口を"ごはん粒が縦に通らないくらい"と形容しますが、女の方の場合は、特にあまり大口をあけてぱくつかないようにしましょう。

　ごはんの手前の一部分に集中して箸をすすめ、お茶碗の底が見えるのも、また恰好のよいものではありません。均等に箸をつけていってください。なお、懐石では、ごはんは汁と一口ずつ交互にいただきます。

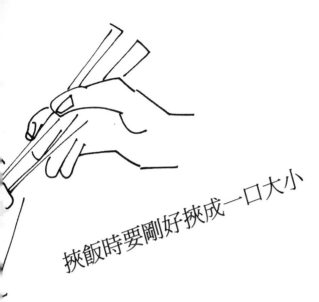

挾飯時要剛好挾成一口大小

吃飯的美儀

　　首先用左手拿飯碗。這時千萬不可將手指扣在飯碗的邊緣，不僅是飯碗，無論手持任何容器時，把手指扣住容器邊緣是不太美觀的。

　　盛好的飯應該從面前開始一口一口的運到口中，同時要注意不能狼吞虎嚥，大口地扒飯。日語中形容貴婦人吃飯的優雅，是以「連飯粒都不讓其豎著通過」（一粒粒挾著吃），特別是女性方面，絕對不可張著嘴巴大口吞食。

　　同時挾飯時不可集中於某處，使得飯碗某處先行見底，這可是不大雅觀，因此要平均的用筷。此外，懷石料理中是將米飯與湯以交互的方式進食。

ごはん

飯類

ごはんのおかわりのしかた

　以前は，ふだんの食事では"一膳めし"を忌み，おかわりをするのがマナーでした。おかわりをしないと"一膳もので不調法"といわれたものですが，いまではあまりそんなこともいわれなくなりました。

　さて，おかわりを頼むときは，まず，ごはん茶碗と箸をテーブルに置きます。次にごはん茶碗を両手で持ち，お給仕の人が差し出すお盆にのせます。

　おかわりを待つあいだに，香の物などをつままないこと。そして，お箸は必ず置くこと。箸を持ったままでおかわりを待っている姿は，おうようさに欠けます。

　そして，お給仕の人がおかわりを差し出したら，いったんテーブルの上に置きます。置かずにそのまま食べ始めるのは，「受け食い」といって，嫌われるマナーです。

服務生

要求添飯（*Okawari*）的方法

　　過去,在日常進餐時最忌諱的就是「僅吃一碗飯」,要求添飯是代表禮貌的一種行為。如果沒有要求再添一碗,就會被人說「就吃那麼一碗,真是不懂事」,不過現在時代變了,現在也很少聽到此種說法。

　　當我們向別人要求添飯時,首先要將碗及筷子放在桌上,然後再用雙手托著碗放到服務生的托盤上。

　　在等待別人為你添飯之際,切勿夾些醬菜或其他東西來吃,同時筷子也一定要放在桌上。手裏拿著筷子等待別人添飯的姿態,看起來是有點兒猴急,欠缺高明。

　　當服務生將所添的飯送來時,要先擱在桌子上後再拿起來食用,如果少了這個步驟就馬上吃了起來,這叫做「受食」（*Ukegui*）,像這種舉止會令人討厭的喔。

おすし

壽司

おすしの食べ方

初午のある２月は稲荷ずし，雛の節句の３月は五目ずし（ちらしずし），菖蒲の節句の５月は粽ずしと，私の店の献立にもいろいろなおすしが折にふれ登場します。

多種多様なおすしのなかで，ここでは昔からそばと並んで食べ方が云々されるその双璧，握りずしの基本のマナーをあげてみました。つまりおすし屋さんで恥をかかずおいしくいただくための心得です。

基本のひとつは，すしは箸よりも手のほうが食べやすいということ。２番目は，しょうゆのつけ方のマナーです。小皿にとったしょうゆには，タネのところをほんの少しつけます。すしめしにはつけません。

タネをはがし，しょうゆにどっぷりとつけたあとで，またのせて食べるのはもちろんいけません。甘味のあるタレ

をつけてある穴子やはまぐり（煮物といいます）に，しょうゆは無用なことも忘れずに。

そして，おすし屋さん用語では"ガリ"，酢しょうがをときおりつまみ，口のなかをさっぱりさせながらいただきましょう。

壽司的吃法

　　在店裏經常會配合時令推出各式各樣的壽司，如在二月的初午日會供應豆腐皮壽司，在三月的女兒節推出五目壽司（綜合壽司飯）及在掛菖蒲的五月端午時，會推出粽子壽司應景。

　　在種類眾多的壽司裏，我們舉個例說明自古以來即與「蕎麥麵」並稱為日本料理雙璧的「生魚片壽司」的吃法。如果學會後，相信不管是到任何一家壽司店都絕對不會貽笑大方，而可以愉快的享受美食喔！

　　基本原則是用手會比用筷子來得方便。第二、沾醬油的禮儀。小碟子裏的醬油只可沾一點在生魚片或食材上，可不能沾到白飯部位。

　　有的人甚至還別出心裁的將生魚片掀開，沾滿了醬油後再還原食用，這種吃法當然是太遜了。此外，切記原本就塗上甜醬酒的穴子（海鰻魚）或煮過的蛤蜊，當然就不需再沾醬油了。

　　而壽司店稱之為「(Gari) 甜醋生薑」，是可隨時抓起來吃，它的目的是要讓口腔清爽用的。

香の物

<u>醃醬菜</u>

香の物（漬物）について

　食道楽で有名だった足利八代将軍義政公は，湯漬で漬物を召しあがるのがたいそうお好きだったと伝えられております。一説に沢庵和尚が広めたといわれる沢庵漬けは，懐石では欠かせませんし，日本の食事には香の物がつきもの。

　この香の物，取りまわしのときは手もとの小皿に取ります。小皿がないときは，ごはん茶碗のふたを利用します。香の物の鉢が遠くにあるときは鉢に手を伸ばさず，「おそれいりますが」と一言いって，近くまで鉢を動かしてもらうこと。そして，取り箸を使い，いただける分だけ小皿に取ります。

　小皿に取った香の物におしょうゆをかけるときは，あまりなみなみとかけないように。おしょうゆをたくさん残す，つまり無駄にすると，ものの適量をはかることができない，

と見られます。また，たくあんなど歯形が目立つものは，歯形の左右を少し食べたしてから小皿に戻すとスマートです。歯形の三日月形を食べたして平らにしておくこの食べ方を，"忍び食い"といいます。かまぼこなども一口食べてお皿に戻すときは，このようにします。

關於醃醬菜（*Tsukemono*）

據說以前的美食專家足利八代將軍義政公很喜歡在吃茶泡飯時配點醃醬菜來吃。又有一種說法這是由澤庵和尚所推廣的澤庵（*Takuan*）（醃黃蘿蔔）而由來，同時這也因為是懷石料理的必備品，因此日本人在用餐時是絕對少不了它的。

食用醃醬菜時，如果要從大盤中取用，要先挾到手邊的小碟中，如果沒有小碟時則可利用碗蓋來盛。當醬菜盤離很遠時，不可伸長手臂跨桌去拿，而是跟旁邊的人說一聲「對不起，麻煩一下（*Osore irimasuga*）」請人家幫忙移過來，然後再用公筷夾取自己要吃的份量拿到小碟上。

要加醬油到醃菜碟子上時，可千萬不要加太多，因為用畢後若留下很多的醬油會太浪費，同時會被視為不能適量的珍惜事物。另一方面在吃澤庵醬菜（醃黃蘿蔔）等時會在蘿蔔片留下咬痕齒印，所以吃的時候如將兩邊齒印稍加「修飾」一下再放回碟子的話，就更高明了。我們稱留下新月形吃的平平的吃法為「隱藏式吃法（*shinobigui*）」。食用魚板（*kamaboko*）等也是一樣，要遵照這個原則。

果物

水果

果物の食べ方

　食事の最後に，果物と甘いものが出されます。果物は水菓子ともいわれますが，献立では"水物"。珍しいものをお出しするのが"ご馳走"ですから，日本料理の水物には，水蜜桃，柿，あけび，ぶどうから，チェリモヤ，マンゴスチンと，世界中の果物が登場します。

　水蜜桃は，熱湯を通して水にとってきれいに皮をむくなど，お客さまが食べやすいようになっています。そのため，日本料理では，盛り込みの場合ぐらいしか，西洋料理のようにナイフとフォークはつかず，たいていの場合はスプーン1本でいただきます。果物がすべり落ちないよう，手を添えてもかまいません。皮のあるものは，厚めに残します。

　盛り込みは，仲居さんに調理場で切りわけてもらうように頼むのもいいでしょう。

水果的吃法

在用餐後，會端出水果及甜點。水果在日語中又說為「水果子（*Mizu-kashi*）」，在菜單中也會寫成「水物（*Mizumono*）」。因爲料理常要以珍奇取勝，因此日本料理中會端出水蜜桃、柿子、葡萄、櫻桃及芒果等，世界各地的水果也都會登場。

水蜜桃會先浸熱水後，再把皮剝下，使客人在食用時較方便。因此，日本料理除了綜合水果切盤之外，不像西洋料理要使用到刀叉，絕大部分只使用一支湯匙。爲了使水果不至於掉落，用手拿也無所謂。吃有皮的水果，要稍微留心可不要吃得只剩下一層薄皮。

若是綜合水果盤時，可以請服務人員代爲分裝。

和菓子

和果子（*Wakashi*）/ 日式甜點

和菓子の食べ方

　献立の最後は，西洋料理のデザートにあたる甘味です。
生菓子がお皿で出たときは，お皿を左手に持ち，添えられ
ている楊枝（くろもじ）で一口大に切っていただきます。

　お皿が塗りものの場合は，楊枝の先で傷つけるおそれが
ありますので，お茶席のように楊枝かお箸で懐紙にとり，
その上で切りわけていただくのがベストです。

　食べ終わったら，楊枝を懐紙に包んでお皿に置きます。
食べきれないお菓子は，懐紙に包んで持ち帰ります。

　干菓子のときは手にとっていただきます。他にも，春は
よもぎの草もちやみつ豆，夏はくずきり，寒くなるとぜん
ざいやおしること，四季おりおり季節にあったさまざまな
甘味が出されますが，それぞれ食べやすいようにスプーン
やお箸が添えられてますから，それを使います。

私の店では夏の甘味のひとつとして，竹筒に水ようかん
を詰めた“竹ようかん”をお出ししています。笹の葉で封
をした竹ようかんは，口で吸い出せるよう，竹の下の節に
穴をあけてあります。お客さまには,封をとり，スースー
とようかんを吸い出して召しあがっていただいています。

日式甜點的吃法

在餐點的最後一道，就如西洋料理般會端出甜點，
如果日式甜點用盤子端出來之後，可用左手拿著盤子，
用附在上面的竹叉，切成一口的大小後食用。

如果餐盤是屬於漆器類的，因為考慮到竹叉會傷到
漆具，要如同茶道的做法一般，最好是用竹叉或筷子拿
到懷紙上再切。

吃完之後，會用懷紙將竹叉包起來放回盤子上，如
果是沒辦法吃完的甜點，可用懷紙包起來帶走。

如果是乾的，用手拿也可以。在春天，會端出艾草
麻糬及蜜豆，夏天則是葛餅，冬天會準備甜紅豆湯，這
是爲了配合四季的變化，端出各種應景的甜點。當然爲
了食用上的方便，會把湯匙或是筷子一起附上。

在我的店裏，夏季會推出代表性的夏令甜點，這是
將青竹筒內放入洋菜而成的洋菜羹。這道甜點除了用青
綠的竹葉封住竹筒的上緣之外，同時爲了食用方便也會
在竹節下面鑽一個小孔。客人可先將竹葉的封口打開，
再用口將洋菜羹吸出來。

抹茶

抹茶

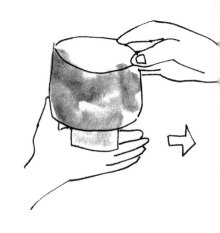

お茶の飲み方

お菓子のあとは，抹茶が出されます。

抹茶は，茶の湯では，ひとつのお茶碗を数人の方で飲みまわす"濃茶"と，ひとりずつちがうお茶碗でたてたものをいただく"薄茶"とにわかれますが，料理屋ではもっぱら薄茶です。

"お薄"といわれる薄茶のマナーを心得ておかれますと，会食やおつきあいの場で非常に役に立ちます。

①右手でお茶碗をとり，左の手のひらにのせます。

②お茶碗の右角に右手の親指をかけ，手前に，つまり時計まわりに2度回し，正面をずらします。

③お茶碗に右手を添え，香りや味を楽しみながら一口目をゆっくりいただきます。そして，3口か4口で飲み終わるようにします。

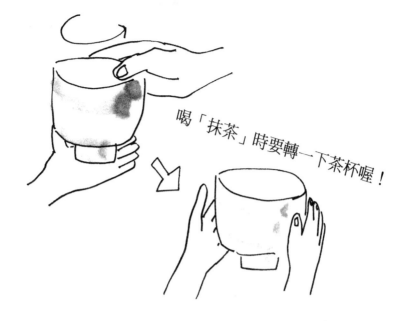

喝「抹茶」時要轉一下茶杯喔！

日本茶的喝法

在甜點之後，會端出日本的抹茶（*Matcha*）。

抹茶在飲用上可分為：用一個碗給數人共享的「濃茶」，或是各別用不同的碗來飲用的「薄茶」，在料理店大部份都是以「薄茶」居多。

如果你事先學會飲用「薄茶」的禮儀，那麼在日本人的宴會或茶會中，可說是非常有用的喔。

①用右手拿茶碗，然後放置到左手的手掌上。

②將茶碗的右角用右手的拇指以順時鐘方向轉兩次並避開正面。

③將茶碗用右手托著，一邊鑑賞茶香及味道後，慢慢喝下第一口。同時分作三口或四口的份量，將茶全部喝完。

抹茶

抹茶

お茶を飲み終わったら

　お茶碗を回すのは，器の正面を避けていただくという茶の湯の作法からきておりまして，飲み終わってからもまたお茶碗を回します。

①お茶碗の飲み口を，右手の親指と人差し指で軽くぬぐいます。ぬぐった親指は懐紙の端でふくのがベスト。茶の湯の作法でもあります。

②お茶碗に親指をかけ，時計まわりとは逆方向に2度回し，ずらした正面を戻します。

③お茶碗を右手で，テーブルの上におきます。

　ちなみに，先ほど「3口か4口で飲み終える」と書きましたが，3口半でいただき，最後の半口は"吸い口"といって音を立てて飲みきるのが茶の湯の作法のひとつです。音を出すのは，「きれいにいただきました」の合図です。

喝完茶後

「轉動茶碗」這是為了避開茶碗的正面，這也是從茶道的禮法中延伸出來的，喝完之後要再將茶碗轉一下。

　　①將飲茶時沾到口的部份，用拇指及食指輕輕抹下，如能用懷紙擦那就更完美了。這也是茶道中的作法。

　　②將茶碗用拇指，以逆時針的方向再轉兩次，再回到原先的正面。

　　③將茶碗以右手，放回到桌上。

　　在此再稍做說明，剛才有提到要以「三口、四口」的大小將茶喝完，但在喝到三口半時，最後半口稱之為「吸口」，這時可是要用出聲的方式將最後的茶喝完。這也是茶道的一個作法，而出聲音是表示「已經喝得很乾淨」。

第5章

日本料理

箸のマナー

日本料理—使用筷子的禮儀

箸

筬子

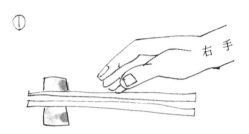

① 右手

正しい箸のとり方

　箸をきれいに扱うことは，日本料理のいただき方のポイントです。"箸使い"といいますが，それが上手になるようにと，かつては豆を箸でつまむ練習を子供たちにさせたものです。"箸先五分，長くて一寸"の躾（しつけ）もおこなわれていました。食事中，箸先から五分,つまり1.5センチ，多くても3センチまでしか汚してはいけないという作法です。

　よく「箸の上げ下げにまで小言をいう」といいますが，食卓での箸使いがいかに重要なマナーであるかを示す言葉といえるのではないでしょうか。箸のとり方は，

①右手で箸の中央あたりを持ち,箸置きからとりあげます。

②左手の親指を上にして箸に添えます。

③左手で箸を持ち，右手を箸の上をすべらせるようにして正しく持ち直します。

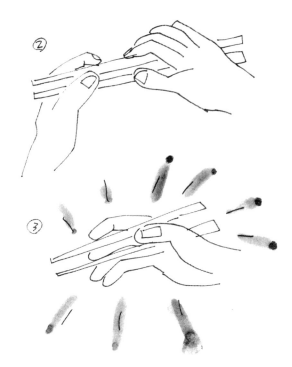

筷子的正確拿法

筷子拿得漂亮是享用日本料理的重要關鍵。過去在日本，為了讓小孩子能正確的使用筷子，會讓他們從挾豆子開始練習。還要求他們最多只能用「筷尖5分，最長不超過1寸」。這句話的意思是，在吃飯時頂多只用筷尖5分，亦即1.5公分到最多的3公分長度，這是為了不弄髒筷子的作法。

日文中有句成語「連使用筷子的上下動作都要挑剔」（雖然有點吹毛求疵之意），但這句話也充分表現了使用筷子禮儀的重要性。筷子的拿法如下：

(1) 用右手握著筷子的中央部份，從筷架上拿起。

(2) 左手的拇指朝上，托住筷子。

(3) 以左手托著筷子後，右手則在筷子上滑動，並將其拿正。

箸

筷子

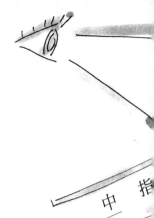

中　指

無　名　指

箸を正しく使う

　正しい箸の使い方は，動きにムダがなく合理的で，食事がしやすいばかりでなく，まわりから見ても安心でき，美しいものです。反対にまちがった箸の持ち方をしていると，美しくないばかりか，極端にいえば，まわりの人はおいしい料理すらまずく感じられてしまいます。

①箸の手前の一本（下の方）は，右手の親指のつけ根と薬指の先で固定します。

②残りの一本（上の方）を，人差し指と中指のあいだにはさみ，親指を軽く添えます。

③添えた親指を中心に，上の方の箸をちょうどワニの口や鳥のくちばしの動きのように上下に動かして使います。

　もし，まだこの正しい箸使いに慣れていない方は，この際トレーニングを積んで身につけておいてください。

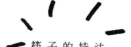

筷子的持法

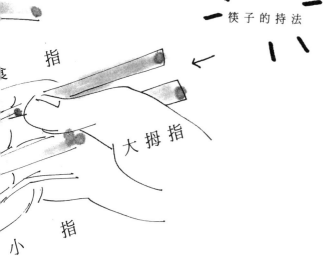

指

大拇指

小 指

正確的使用筷子

　　正確的使用筷子，除了用餐的動作流暢、合理之外，旁人看起來也會感到安心並產生美感。相反的，如果拿法錯誤的話，非但不美觀；說的極端些，會連旁邊的人都覺得原本可口的料理，都變得難吃了。

(1) 將接近自己前方的筷子（二支之中下方的筷子），以大拇指的根部和無名指的前端來固定。

(2) 將另一支（上方的筷子）挾在食指和中指之間，並用大拇指輕輕的托著。

(3) 以大拇指爲中心，把上方的筷子如同鱷魚的嘴巴或鳥嘴般的上下移動來使用。

　　對於未能正確使用筷子的人而言，建議多利用機會進行上述動作的練習。

箸

筷子

割り箸のマナー

　割り箸は，上から3分の1あたりの位置を両サイドに力を入れて引っ張ると，無理なく割れます。箸先がささくれたからといって，2本の箸をこすりあわせるのは見苦しいものです。これは手でとります。

　また，食事がすんだ後，割り箸をパチーンと勢いよく折り，器に入れている姿をよく見かけることがあります。これは威勢はよいものの，決して品のよいものではありませんから，やめてください。

連身筷子的使用禮儀

　在使用連身筷子時，如從在上方三分之一處，用手向兩側略為用力扳，就可以使之自然拉開。有時筷身會產生鬚狀毛邊，但如果以相互摩擦的方式來去除它，看起來不太雅觀。這時應用手去除。

　也有人在吃完飯後，以威猛的氣勢將筷子折斷後丟進碗中，這雖然看起來很帥，但卻不是高雅的動作，要避免這種行為。

要同時扳開

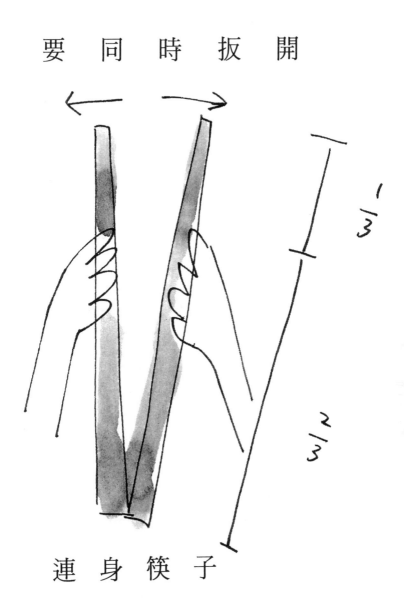

$\frac{1}{3}$

$\frac{2}{3}$

連身筷子

箸

筷子

とり箸がないときは？

　大皿に盛られた料理には，たいていとり箸が添えられています。もし，それがない場合は，自分の箸を上下逆にして料理をとり，もとにもどしていただきます。こういう仕種は清々しい印象を与えます。

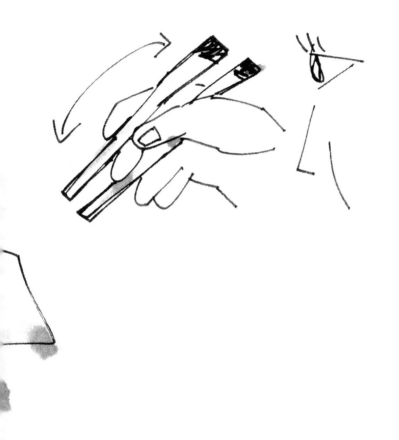

沒有公筷時怎麼辦？

　　大盤的菜餚通常會附上公筷。萬一沒有時，則可將
自己的筷子上下反持來取菜，然後恢復正常狀態再進
食。這樣的作法會給旁人留下清爽的印象。

箸

筷子

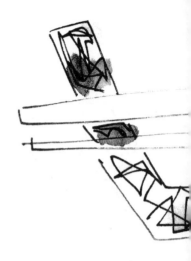

箸は箸置きに

箸は箸置きにやすませます。器に箸を渡すのは見苦しい
ものです。

箸置きのない場合は，写真のように箸袋で箸置きを作り
ます。これで食卓を汚さずにすむばかりでなく，人柄の奥
ゆかしさを演出します。

← 發揮創意，可用「筷套」變個魔術

筷子應放在筷架上

　　筷子不用時應讓它在筷架上休息。讓筷子隨意的橫置於碗盤之上，是不太雅觀的。

　　如果沒有筷架時，可將圖片中所示的「筷袋」加以利用，做個筷架。這不但不會弄髒桌面，而且也能展現出個人的教養。

箸

筷子

折敷と箸

　折敷で料理が供されるときは，箸は右端を2〜3センチ出してきちんとそろえられています。食事中は，箸置きがない場合には，折敷を汚さないように，先を左端に2〜3センチ出して置きます。

　箸置きがある場合には，当然，箸を途中で置く際には，箸置きに置きます。

　美しく食べるということは，つまり食べた痕跡<ruby>痕跡<rt>こんせき</rt></ruby>をできるだけ残さない気づかいといえるでしょう。

漆盤和筷子

　　如果食物被盛在漆盤（折敷，*oshiki*）上時，筷子通常會整齊的放在漆盤的右端兩三公分處。在用餐之際，如果沒有筷架時，為了不要弄髒漆盤，可將筷子前端放置於盤的左端突出約兩三公分。

　　如果有筷架，在用餐途中想要將筷子放下時，當然是放置於筷架之上。

　　吃得美觀而藝術，換句話說也就是為他人著想，盡量減少用餐後的痕跡。

箸

筷子

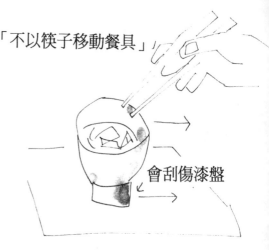

「不以筷子移動餐具」

會刮傷漆盤

箸のタブー①よせ箸

器を動かすのに手ではせず，箸先を使うこと。なげやりで不精たらしい印象がしてマイナスです。しかも器の底でお膳を傷つけることにもなります。

つまり，よせ箸を平気でしているということは，上等の漆器の膳での食事の経験がないというのを，言外に語っていると見られてもしかたがありません。

箸のタブー②さし箸

食物

料理に箸をつきさして食べること。正しく箸を使い，大きいものは一口大に切りわけて食べれば，その必要はありません。

用筷的禁忌 —（1）以筷子移動餐具

　　這是指不用手而用筷子來移動餐具的行為。會讓人覺得此人很懶散怠惰，而留下不好的印象。而且這種動作也會使得餐具的底部刮傷餐盤。

　　換句話說，常做這種動作而覺得無所謂的人，會被默認成從未使用高級漆器用過餐。

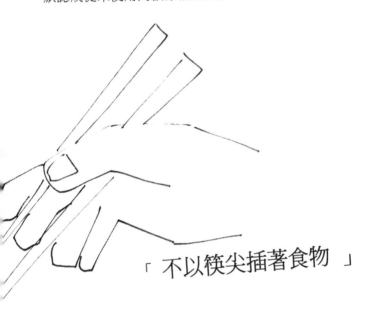

「不以筷尖插著食物」

用筷的禁忌 —（2）以筷尖插著食物

　　筷子的拿法正確，可將較大的食物弄成剛好一口的大小來吃，就不需要這麼做。

箸

筷子

箸のタブー③ねぶり箸

箸を口のなかに入れてなめること。

用筷的禁忌 ─（3）舐筷子

這是指將筷子含在口中舐的行為。

箸のタブー④まよい箸

どの料理から手をつけようかと，器の上をあちらこちら動かすこと。"箸なまり"ともいいます。上品，おうようとは反対にある箸使いといえるでしょう。

用筷的禁忌 ─（4）挾菜時舉棋不定

這是指在挾菜時舉棋不定，在器具上猶豫不決，左右移動。這也被稱做「*Hashi - Namari*（筷子老土）」。此一動作和高雅、臨機應變的用筷方式是正好完全相反。

「不可舔筷子」

「挾菜時不要舉棋不定，三心二意」

箸

筷子

箸のタブー⑤にぎり箸

2本の箸をにぎって使うこと。

箸のタブー⑥こみ箸

箸で口のなかにものを押し込むこと。いかにもおいしくないものを無理に食べているといった印象で，同席者の不快感をさそいます。

用筷的禁忌 —（6）
用筷子將食物擠壓入口

這是指用筷子把食物擠壓入口的行為。讓人認為你是覺得食物難以下嚥而硬塞進去，會帶給同席者不愉快的感覺。

「不以手併握筷子」

用筷的禁忌 —（5）以手併握筷子

這是指將兩支筷子併握來使用的行為。

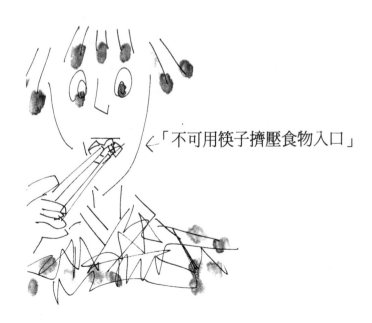

←「不可用筷子擠壓食物入口」

箸
筷子

箸のタブー⑦せせり箸

箸先を楊枝がわりに使うのは，もってのほか。

用筷的禁忌 －（7）用筷子來剔牙

把筷子當做牙籤來剔牙的行爲是十分不雅觀的。

「不用筷子剔牙」

「 不在菜盤中翻翻揀揀 」

箸のタブー⑧ほじり箸

盛り合わせてある料理をかきまわして，好物を探る食べ方。美しいとはいえません。

用筷的禁忌 －（8）在菜盤中翻翻揀揀

在菜餚中翻揀，挑選自己喜歡的食物，這也是不太美觀的動作。

箸

筷子

箸のタブー⑨涙箸

汁をぽたぽたとこぼしながら運ぶ。テーブルや衣服を汚してしまいます。

用筷的禁忌 —（9）滴著菜湯的筷子（淚筷子）

這是指一邊滴著湯汁，而把菜挾回來的動作。這往往會弄髒桌面和自己的衣服。

「不可讓筷子滴著菜湯（淚筷子）」

箸のタブー⑩トントン箸

お膳の上にトントンと2本の箸を垂直に落としてそろえるのはいけません。

用筷的禁忌 —（10）用筷子敲擊餐具（咚咚筷子）

為了讓筷子對齊而將之垂直落在餐具上，並發出聲響的行為，此也應該避免。

箸

<u>筷子</u>

箸のタブー⑪

箸で人を指してはいけません。

用筷的禁忌 —（11）用筷子指人

不可以用筷子指著人說話。

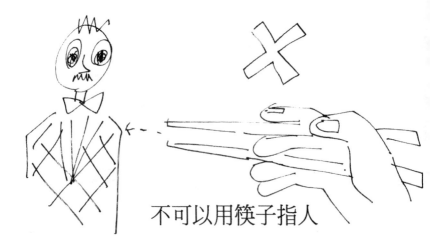

不可以用筷子指人

箸のタブー⑫もぎ箸

箸についているご飯粒などを，直接口でもぎとること。
まさにお里が知れる行為。同席者に不快感を与えます。

用筷的禁忌 —（12）舔筷子上的東西

這是指直接用嘴舔下附在筷上飯粒等的行為。這會
被認爲缺乏教養，且會帶給同座的人不愉快。

箸

筷子

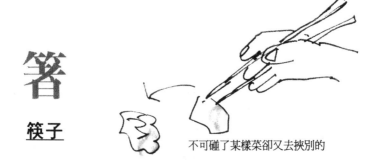

不可碰了某樣菜卻又去挾別的

箸のタブー⑬移り箸

　ある料理に箸をつけたあと，その料理をとらずにすぐ別
の料理に箸をつけること。料理が口に合わないのかと誤解
されてしまいます。

箸のタブー⑭渡し箸

　食事の途中，または食べ終わった後に，器のうえに箸を
渡しておくこと。家庭で習慣になっている人は，ご注意を。

用筷的禁忌 — (13)
碰了某樣菜卻又去挾別的

接觸到某樣菜後，卻又不挾，馬上去碰別的菜。這種動作容易被誤認為此菜不合你胃口。

不要把筷子橫跨在餐具之上

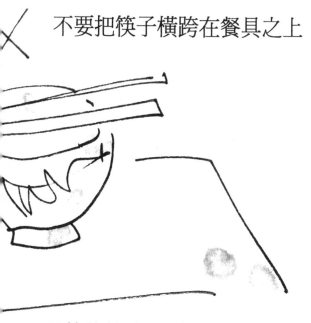

用筷的禁忌 — (14)
把筷子橫置在餐具上面

這是指在用餐途中或吃完飯後，把筷子橫放在餐具上的行為。在家中已經養成這種習慣的人，在公眾的場合應該特別注意。

箸

筷子

おかわりを待つとき，会話のときは箸を置く

　おかわりを待つあいだは，必ず箸を置くこと。箸を持ったままでおかわりを待っている姿は，あまりおうようとはいえません。

　また，「この魚，なんだろう」などといいながら，箸で料理をつまんでジロジロとながめ，ネタを吟味する人がいます。これは，見ていてあまりスマートとはいえません。食事中に料理を話題にするときは，お膳に箸を置くように習慣づけておくとよいでしょう。

不好的禮儀

等候盛飯時，
不可持著筷子

在等待盛飯服務或談話時，應該先將筷子放下

在等待別人替你盛飯時，應該先將筷子放下。如果這時還拿著筷子的話，看起來不夠莊重。

此外，還有些人喜歡一邊挾菜，一邊研究，口中還唸唸有詞說些：「這到底是什麼魚呢？」之類的，這種人看起來也不太高明。在用餐中，如果談到餐點的話題時，應養成將手中的筷子放下的習慣才好。

箸

筷子

食事後の箸の置き方

食事後の箸は，箸先を折敷の左縁の外へ少し出しておきます。これですと折敷のなかを汚すこともなく，気持ちよいものです。

なお，ご飯と汁物をいただいた後は，箸先を懐紙でさっとひとふきしておきましょう。そして，箸袋があれば，汚れているものを他人に見せないよう，箸袋を千代結びや筒結びにして箸先を入れておくと，なおよいでしょう。

箸袋に入っている箸は，使用前の新しい箸という意味ですから，食べ終わった後は，箸袋にこのようにしておさめ，"使用済み"というサインをします。

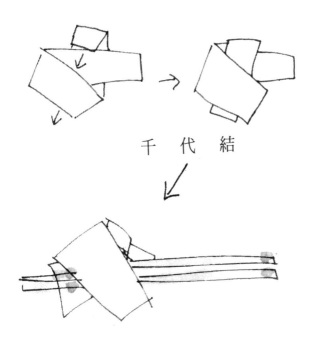

千 代 結

吃完飯後筷子的擺法

在用餐後,應將筷子放在漆器餐盤左緣,使筷尖稍
微露出一些。如此一來,不但不會弄髒餐盤,而且也讓
人看來感覺舒服。

此外,在吃過米飯或湯後,可先用懷紙先輕輕擦拭
一下。然後,為了禮貌,如果有筷袋的話,可將之打個
「千代結(Chiyo-musubi)」或「筒結(Tsutsu-musubi)」
(如附圖),再把筷尖插入其中,如此就更完美了。通常,
放在筷袋中的筷子表示尚未使用。因此,在用餐完畢後,
如做出前述的作法,就是向服務人員表示「已經用餐完
畢」的意思。

正 確 的 持 筷 法

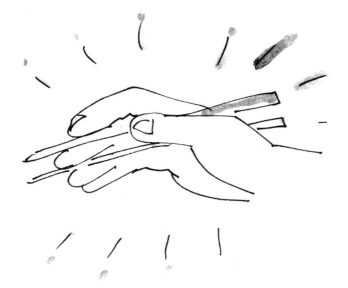

第6章

日本料理店での
振る舞い方

在日本料理店中的用餐禮儀

予約

訂位

予約のときの心得

　料理屋で食事をするときに重要なのが，"予算にあった店選び"です。そして店が決まったら，早めに電話で予約を入れます。予約は，いつ（日時），何人（人数），いくら（予算）の必要不可欠３項目を伝え，席がとれるかどうかを確認します。

　席がとれたら，続いて会食の目的（賀寿結納，法事といった慶弔（けいちょう）など），会食のメンバー，そして何か要望があれば具体的に伝えます。慶弔によって，床の間の飾り，あるいはお料理そのものも，精進料理にするとか，お赤飯のサービスがつくとか，いろいろとちがってきます。

　また外国人がいる，食事制限をしている人がいるといった場合には，予約のときに伝えておけば，それなりの配慮をしたお料理が用意されます。

電気製品を買うのとはちがい，お料理の場合は，予算は始めからだいたい設定されていて，食べ終わってから値切るわけにはいきません。ですから店側も，お客さまの要望をどれだけ聞いてさしあげられるか，調理場にどれだけの配慮ができるか，と常に考えているのです。

訂位時的訣竅

到料理店用餐前，最重要的事是「選擇合於預算的店」。在決定餐廳之後，就應該儘早用電話進行訂位。訂位時，必須告訴對方時間、人數和預算這三個要項，並確認是否可訂到席位。

在確定可以訂到席位後，接著就應具體的告訴店方此次聚餐的目的（如祝壽、婚宴、法事等喜喪之事）、參加人員，以及自己希望店方準備什麼；例如有時會因慶弔及宴席內容的不同，需要改變和室的裝飾，及是否要準備什麼樣的料理，諸如素齋或紅豆飯等。

此外，譬如有外國朋友參加或某些賓客有飲食的限制等，也都可在訂位時先說明，好讓店方可以依照你的要求來做準備。

在餐廳吃飯和購買電器產品不同，其價格是一開始就預設好的，在吃完後是不可能議價的。因此，店方也希望能預先了解客戶的需求，以及看廚房方面能做什麼樣的料理配合。

到着

到達餐廳

遅刻は厳禁

　料理店には，身じたくを整える余裕を持つためにも，予約の時間の10〜15分くらい前に着くようにしましょう。遅刻は厳禁です。あなたが遅刻をすれば，あなたが来るまで仲間は箸をつけることができず，お膳の前でイライラします。他の人が先に食べ始めたとしても，あなたは後からメニューを追いかけることになり，席がしらけることに。

　また，お店では，お客さまの予約時間にあわせて料理にかかり，サービスの準備をしております。そのリズムがひとりの遅刻でくずれ，サービスがおかしくなってしまうこともあります。どうしても急用でしかたのないときは，早めに電話を一本入れておきたいものです。そして，会食後に約束があり，早めに食事を終了しなければならない場合にも，予約のときに前もってお店に伝えておきます。

244

「對不起，

我會遲到喔！」

千萬不要遲到

　　為了讓自己有些時間整理姿容，應該盡量比預定時刻提早 10～15 分鐘到達餐廳。遲到在日本是嚴格禁止。因為如果你遲到，則其他客人就無法動筷，甚至會在菜餚前感到坐立不安。即使其他人先開始吃，到時候你也必須從第一道開始趕著吃，而破壞了現場的氣氛。

　　此外，由於餐廳方面是依照預約的時間來準備料理和相關服務，因此如果有人遲到，則其服務的步調可能會亂掉。所以，如果有突發的急事不得不遲到時，應該事前打個電話通知。此外，如果在用餐後另有其他安排而需提早結束，這時也應事先在預約時告訴店家。

足元

靴をきれいにして出かける

　日本料理屋ではたいてい靴をぬぎます。この靴がくせもの。食事が終わって店を出るとき，玄関まで仲居さんが靴を持ってきてくれるのですが，靴が磨かれていなかったり，くたびれたものだったりすると，恥ずかしくなってしまうのです。これではせっかく楽しく過ごした時間も色あせてしまいます。

　日本料理店で食事をするときは，靴をきれいにし，女性はまさかのときのため替えのストッキングを用意していきましょう。和服の場合は替えの足袋を。お座敷では，ストッキングの伝線，うっすらと鼻緒のあとがついた足袋などがやけに目につくものなのです。

　こんなところにも，スマートに和食を楽しむ知恵があります。

246

衣著光鮮之外

也要注意足下

要把鞋子弄乾淨再出門

在日本料理店吃飯時大致上都必須脫鞋。但關於鞋子方面卻是有點學問的。在吃完飯後，餐廳的女服務生會把鞋子放到門口，因此如果自己的鞋子事先沒有擦亮或是顯得破舊，那麼會令鞋子的主人顏面無光，原本吃得很愉快的一餐也就為之蒙塵。

到日本料理店用餐時，應先將鞋子擦亮，女性為了預防突發狀況，也需要準備換穿用的絲襪。如穿和服則準備和服的「足袋」（布襪）。因為在日本式榻榻米的座席，女性絲襪的斷線或木屐鞋帶在「足袋」上所留下的污痕等都會特別明顯。

當然這種小細節，也是享用日本料理的高明智慧。

ふるまい

態度

はじめてでもものおじしない

　若い人は，高級料理屋にはあまり行く機会がないために，どうしても仕種がオドオドしがち。しかし，場なれしてないからといって，恥じる必要はまったくありません。

　料理屋に出かけて，おかみさんや仲居さんたちから「いらっしゃいませ」と丁重な出迎えを受けたら，軽く会釈をし，「お世話になります」，「なれていないので，よろしくお願いします」と正直にいうのが一番です。

　お店の側にしても，はじめて店にきた人は，もしかしたらそれからお得意さんになるかもしれないわけですから，大事に扱ってくれるはずです。

　ものおじせずに堂々と振る舞うほうが，あわてて失敗することも少ないでしょうし，なにより見ていて気持ちのよいものです。

歡迎光臨！

即使是第一次也不必怯場

　　年輕人由於較少有機會到高級料理店用餐，因此難免在動作上會顯得不自在。然而，即使自己並不熟悉這種地方，也不必要覺得忸怩不安。

　　來到料理店時，老闆娘或女服務生來到門口以很恭敬的態度說：「歡迎光臨」時，你只要輕輕點頭並說聲：「請多指教（*Osewa ni narimasu*）」或「我不太習慣這種地方，所以請多關照（ *Narete inainode yoroshiku onegaishimasu* ） 」，像這樣爽朗的態度是最理想的。

　　就店方而言，由於第一次光臨的人以後說不定也會成為常客，所以也應該會小心的伺候。

　　表現得不怯場且態度從容的人，反而比較不會驚慌失措，而且也會令人有好感。

あいさつ

問候・寒喧

あいさつはスマートに

なにごとでもあいさつは肝心。それは料理屋においても同じことです。

食卓につく前に，客側は招待する側に「お招きいただきまして，ありがとうございました」とお礼の言葉を述べます。席につくのは，その後に招待者から「どうぞお席におつきください」とすすめられてからにします。

さあ，仲居さんがお料理を運んできて，お客さまの前に配り始めます。最初に配られるそのときに，軽く会釈するか，男性ならば「ありがとう」，女性ならば「ありがとうございます」と一声かけてください。これで席の雰囲気がぐっとなごやかになります。

そして目上の人と食事をするときは，箸をとり上げる前に「お相伴させていただきます」というのを忘れずに。

高明的問候方法

　　無論何時何地，待人接物時的問候及寒喧，都是非常重要。在日本料理店用餐時，當然也不例外。

　　在接受招待，來到宴客地點時，應向主人表示:「謝謝您的邀請，實在很榮幸 （*Omaneki itadakima-shite Arigatou-gozaimashita*）」。然後，在主人說了:「請就坐 （*Douzo osekini otsuki ku-dasai*）」之後，才可坐到位子上。

　　用餐開始時，服務人員將料理送出來並開始為客人服務。輪到自己時，可先禮貌性的點個頭，或者是說聲「謝謝」 （在日語中，男性說 「*Arigatou*」，女性則說「*Arigatou gozaimasu*」）。如此一來，宴席間的氣氛就顯得更融洽了。

　　當與上司或長輩共同用餐，在動筷之前，務必別忘了說一聲「*Oshouban sasete itadakimasu*」（那我也不客氣，陪您用了。）

251

和室

和室

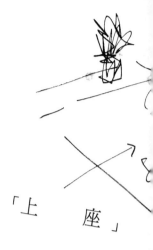

「上 座」

どこに座るべきか

　和室には，上座と下座というきまりがあります。上座
は，招かれた人や目上の人が座るところ，反対に下座は招
く人や目下のものが座るところです。上座は床の間に近
く，入口からより遠い場所と心得ましょう。知らずに堂々
と上座に座って，まわりをあわてさせてはいけません。

　座布団への座り方は，まず座布団の左の外側に座りま
す。次に，両手を座布団にあてて，ひざからにじるように
座布団の中央まで進みます。そして，正面に向きを変えて
座ります。

　立ったまま座布団を足で踏んで，それからドスンと座る
方がいらっしゃいますが，これはタブーです。立つときも
座布団の上で立たず，いったん座布団の外に出てから立ち
ます。

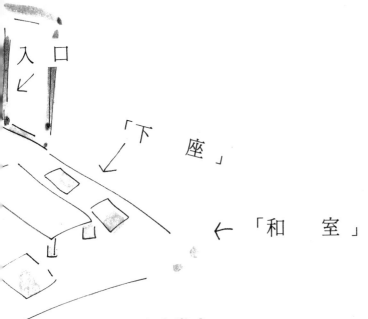

入口
↓

「下座」
↓

「座」

←「和　室」

應該坐哪裡較適當？

　　日本料理店的房間中，座席有「上座（*Kamiza*）」和「下座（*Shimoza*）」之分。「上座」是給賓客或上司、長輩等坐的，相對的，「下座」則為主人或輩份較低的人所坐。所謂「上座」指的是接近「床間（*Tokonoma*）」（有擺設花或其他裝飾之處），離入口較遠的地方。如果不經意就堂堂坐在上座，而讓別人不自在就不太好了。

　　在坐上座墊之前，首先應坐在其左邊外側，接著再以手按著座墊，以膝蓋向座墊中央移動，最後再將身體的方向轉正。

　　有人會用站姿先踩上座墊，然後很快就坐了上去，這種方法是絕對不可取的。要站起來時，腳不可以踩到座墊上，而應先離開座墊後再站起來。

座卓

矮卓（座卓）

座卓に美しく座る

　お座敷で食事をするときは，座卓に座ることになりますが，その座る位置は，テーブル席に座るときと同じではありません。

　テーブル席に座るように，ひざを座卓の下に入れている人をよく見かけますが，これは見ていて不自然です。

　懐石料理は，もともとお膳を前にして食べるお料理ですから，お膳の下にひざがくるなどということは，ありえません。

　では座卓では，どう座るのが一番スマートでしょうか。テーブルから，20センチくらい離れて座るのが，料理を前にするときも見栄えがいいようです。

　そして女性の場合は，ハンドバッグはひざ前の，テーブルの下に置きましょう。

20cm

漂亮的坐姿

在和式房間吃飯時，一定是坐在座桌前面。這時的坐姿是和一般餐桌的坐姿不同。

有人在坐日式座桌時，就如同坐在一般餐桌般，把膝蓋伸到桌下，這種姿勢看起來相當不自然。

懷石料理本來就是將餐點置於正前方享用。所以絕對不可能把腳伸到餐具下方。

那麼，到底怎麼坐，姿勢才會最美觀呢？通常，在離桌前 20 公分處，且人的本身位於料理正前方，可說最高尚的坐姿。

如果是女性的話，則可將手提包放在膝蓋前方的桌子下。

姿勢

姿勢

食べるときの姿勢

洋の東西を問わず，背中を丸め，器におおいかぶさって
ガツガツとかき込む，いわゆる"犬食い"は軽蔑されます。

昔から，"ひもじさと，寒さと恋と，くらぶれば，はず
かしながら，ひもじさが先"とはいいますが，いかに空腹
であっても，人間の尊厳を放棄し，犬の真似をするようで
はいけません。

器に顔を近づけるのではなく，食べ物を箸で口に運んで
食べるのが美しいのです。背筋をピンとのばしているのは
いうまでもありません。

また，テーブルにひじをつきながら食べるのも厳禁で
す。食事の合間もテーブルにはひじをつきません。このう
えなく尊大で，だらしなさの極みといった姿勢ですから，
普段からそのようなくせのある人は注意しましょう。

進餐時的姿勢

不論在哪個國家，用餐時如將身體前傾，整個人壓在餐具上狼吞虎嚥，這種所謂「狗在吃飯」的姿勢，會被人瞧不起。

古時有這樣的說法「 食物、衣物、愛情，如果要選擇其一的話，說來很可恥，我會先選擇食物。 」話雖如此，人再怎麼飢餓而放棄人的尊嚴，如同狗般的進食姿勢是絕對不可取的。

不把臉接近餐具，而把食物以筷子挾到口裏的吃法，才是美麗的姿勢。當然，你必須把背部挺直才行。

此外，把手肘放在桌上吃飯的姿勢，在日本也是嚴格禁止。在用餐之間歇息的時候，也不能把手肘放在桌子上。這種姿勢代表的是自大、懶散的極致，因此，平常就有這種習慣的人應該多加注意。

行儀

禮儀

日本料理は静かにいただく

　日本料理のいただき方には，お茶の「和敬清寂」の精神が流れているのでしょう。静かに楽しく，そして行儀よくというのが原則です。器をひっくり返したり，お料理を落としてしまったときは，大騒ぎせず，手早く懐紙でふくなり，おしぼりをもらうこと。

　べからず集といいまして，食事中はこういうお行儀の悪いことをしてはいけませんと，昔から伝えられていることがあります。

　一つ，ものを食べるときは口をあけるべからず（口を閉じて食べなさい）。

　二つ，食べ物が口のなかにあるときはものを言うべからず（飲み込んでから話しなさい）。

　三つ，食べ物を一度に多く口に入れるべからず（見苦し

いし，話しかけられたときになかなか答えられないから）。

四つ，食事のときに舌打ち，くしゃみなどをすべからず。

しかし，考えてみますと，これは日本料理にかぎらず，世界共通，どこの国の食卓でもお行儀の悪いこと，タブーなのではないでしょうか。

吃日本料理時應保持安靜

吃日本料理時，在禮儀上應該合乎茶道中的「和敬清寂」的精神。其原則是安靜的享受而且合乎禮儀。萬一把食器弄倒或把菜掉落時，也不應驚慌，儘早用懷紙擦拭或向服務生要濕手巾。

以下就是自古流傳飲食中的幾項「禁忌」：

(1)吃東西時，不可以張大嘴巴（應該閉起嘴來吃東西）。

(2)口中有食物時，不可以說話（將食物嚥下後才可說話）。

(3)不可以一次放入太多東西在口中（因爲很不好看，而且別人對你說話時，你將無法回答）。

(4)吃東西時不可發出聲音，也不可打噴嚏。

但是仔細想來，以上幾項並不僅限於日本料理，而是全世界共通的禮儀，不管在哪個國家餐桌上的不禮貌行爲，都可說是禁忌吧！

酒量

酒量

お酒の量はひかえる

　日本では"酒のうえでのことだから"などといい，お酒飲みには寛大なお国柄と思われているようです。しかしこれは建前。本音は"酒は飲むとも飲まれるな"。酒による無作法，失敗は，まわりから厳しい評価がくだされます。

　「酒は天下の美禄，少し飲むと陽気になり，いらだちをやわらげ，食欲を起こすなど大変に有益なものだが，多く飲むとこれほど害になるものはない」と貝原益軒先生もいっておられます。酒はほろ酔いにとどめておきましょう。

　日本酒には"献酬(けんしゅう)"という独特の飲み方があります。飲みほした杯を杯洗の水にくぐらせて相手に渡し，受けとった相手はその杯でお酒を飲むというものです。同じ杯から飲み，親しさを増すための飲み方ですが，最近では衛生的でないということで，あまり見かけなくなりました。

喝酒應適可而止

在日本有一句話說：「既然他喝了酒（那就原諒他吧）」，因此，日本被認爲對喝酒一事，一般都持較寬大的態度。然而，這不過是一種檯面上的說法。事實上，日本人認爲：「人可以喝酒，但卻不可以被酒喝」；如果因爲喝酒而有魯莽的行爲或導致失敗，往往會招來旁人非常嚴苛的責難。

江戶時代的名醫貝原益軒曾說：「酒是天底下一大美物，小酌可使人身心活潑、消除煩躁、增進食慾等，對人體十分有益。但酒喝多的話，也沒比此更傷人的東西」。因此，喝酒還是以止於微醺的程度較好。

喝日本酒時有一種獨特的喝法叫做「獻酬（Ken-shuu）」。這是酒喝完後將杯放入盆中洗過後，將之遞給對方，對方再以該酒杯喝酒之意。兩人以同一酒杯喝酒，雖可增進雙方的情感，但最近基於衛生上的理由，這種喝法已經比較少見了。

たずねる

<u>詢問</u>

食べ方がわからないときはたずねる

　料理屋で食事をすると，今までに食べたことのない料理が出てくることもあるでしょう。しかし，そんなときもあわてる必要はありません。食べ方がわからないときは，遠慮なく仲居さんにたずねるといいでしょう。

　料理屋では，お客さまがご自分の好きなように食べるというのが原則です。この本では，日本料理の食べ方や作法についていろいろと書いていますが，作法を知らないからといって恥じることはまったくないのです。

　かといって，食べ方はどうでもいいと自分勝手な方法で食べては，せっかくの味を楽しめなくなってしまいます。ですから，わからないときは，店の人にぜひおたずねください。「わからないので教えてください」と素直に聞いてくださるほうが，私たちもうれしいのです。

不懂吃法時，可以請教

不懂吃法時就應該問

在料理店用餐時，有時會碰到從來沒有吃過的料理。然而，在這種場合並不需要慌張。不懂得吃法時，不用客氣，只要向服務生問一下就好了。

在料理店，原則上是個人按照自己喜歡的方式來吃。本書雖寫了許多日本料理的吃法及禮儀方面的事，然而，讀者們大可不必因為不知道禮儀而感到羞愧。

話雖如此，如果認為吃法不必講究，想怎麼吃就怎麼吃的話，可就無法真正的享受到料理的美味了。所以，當不了解吃法的時候，務必要向店裏的人請教一下。如果你率直地表示:「我不懂怎麼吃，請您告訴我吃法。」我們當然也會很樂意幫助你。

話題

話題

匂いの話はしない

料理は舌の上だけで楽しむものではありません。なんともいえぬおいしそうな香りもまた，その料理を味わい深くさせる要素のひとつです。ですから，食事中に匂いの話をするのは厳禁。とくにびろうな話は絶対にタブーと心得ておいてください。

このほかに，食事中にしてはいけない話をここであげてみましょう。

①病気の話と宗教の異なる人への宗教の話

②食欲を減退させるような話

たとえば，うどんを食べているときにミミズの話をするなど，食べ物から連想させ，食欲をなくさせるような話題はいけません。また，お料理を前にして「私，これ嫌いだわ」とか，「このお魚の目，私をにらんでるみたい」とい

264

った話もタブーです。嫌いならば黙って箸をつけないこと。つまり，同席者がのばした箸をつい引いてしまうような話は避けるということです。

③お叱言と食事の料金の話

どちらも食事がのどを通らなくなります。

不要講些有關氣味方面的問題

料理並非光是用舌頭來品嚐的。食物所散發出來難以形容的香味，也是使料理更加可口的一大要素。因此，在進食中，有關「氣味」的話題是應該避免的。有關於排泄方面的話題尤其會引起不快，絕對不可提及。

此外，以下三項也是在用餐時不可談的話題：

① 疾病以及對不同宗教的人談宗教的事。

② 會引起喪失食慾的話題。譬如，在吃烏龍麵時，卻提起蚯蚓等諸如此類會影響食慾的事情，應該要避免。此外，料理在面前卻說些「我不喜歡這種菜」或是「這魚的眼睛似乎在瞪著我呢」之類的話也是禁忌。如果你真的不喜歡那道菜，只要不去挾它就好了。總而言之，會影響在座者吃飯情緒的話都應該避免。

③ 指責別人及談論料理價格。

以上所列舉的，都是會使人食慾降低的話題。

仲居さん

女服務生

「仲居さん」と呼びかける

　パリのレストランでは，給仕に声をかけるとき「ギャルソン（英語のボーイに当たるフランス語）」ではなく「ムッシュ」と呼びます。

　さて，日本料理店で給仕をするのは仲居さんたちです。では，彼女たちをどう呼べばよいでしょうか。「おねえさん」，もしくは，きちんと「仲居さん」と呼んであげるのがスマートでしょう。

　よい料理屋には，おもてなしのなんたるかを心得ていて，かつ料理のことにも大変詳しいベテランの仲居さんたちがたくさんいます。そんな彼女たちに向かって，「おねーちゃん」などと呼ぶことのないよう，くれぐれも注意したいものです。「ちょっと，ねえちゃん」などといっては，あなたの教養のなさが暴露されたようなものです。

NAKAI-SAN

稱女服務生為「 *Nakai-San* 」

在巴黎的餐廳中，當你要呼叫服務人員時，並不是叫「*Garcon*」（相當於英語中的服務生「*Waiter*」或「*Boy*」），而應該叫服務人員為先生「*Monsieur*」「*Sir*」)。

在日本料理店中稱女服務生為「仲居小姐」(*Nakai San*)，到底該如何稱呼她們呢？如果稱呼她們為「*Onesan*」（大姐）或「*Nakai-san* 」，應該是很合適。

好的日本料理店不但懂得待客之道，而且還有許多對料理十分瞭解的服務人員。因此，不應該對服務人員隨口稱呼「*Onechan*」（姐姐的親蜜稱呼；如：「姊仔」，聽起來有些不禮貌），這方面應特別注意。如果你隨口就喊「喂，姊仔(*Nechan*)！」那就會曝露你平素缺乏教養的事實。

お化粧

化妝

特に女性が気をつけたいこと

　五感を使って味わう日本料理に，濃いお化粧や強烈な香水はもちろんご法度です。"なくて七癖，あって四十八癖"といいます。ご本人は知らずに手がいってしまうのでしょうが，お膳を前にして髪をいじるのも見苦しいものです。

　「利久七則(千利久が説いた茶の湯における7つの心得)」のなかにも"相客に心せよ"とあります。同席の方たちの五感の邪魔をしたり，不快な気分にさせてはいけません。

　料理屋としては，女の方がお芝居や音楽会にお出かけになるのと同様，めいっぱいオシャレをしておいでになるのはむろん大歓迎。そのうえ，お料理の前に，器を傷つけるおそれのある指輪などのアクセサリー類をはずし，ハンドバッグにそっとおしまいになるマナーを拝見したりすると，本当にうれしくなってしまいます。

用 餐 的 品 味 及

化 妝 上 的 注 意 事 項

女性應該特別注意之處

　　日本料理是用五官的感覺來享受的，如果太濃厚的化妝及濃烈的香水，當然都是不合宜的。在形容人不經意的小癖好方面，有所謂「少則 7 種，多則 48 種」的說法。有人在無意識中會去摸自己的頭髮，但美食當前卻做出這種動作是很不雅的。

　　在「利久 7 條守則」（茶道宗師千利久所倡導在茶道儀式中應遵守的 7 條守則）中，有一條叫做「為客人著想」，就是說不可干擾在座者的五官感覺，而使人感覺不快之意。

　　就料理店的立場而言，女性來店時打扮得漂亮時髦，就如同去看戲劇或赴音樂會般的重視，當然是十分歡迎。此外，在料理前面，如果懂得先將可能刮傷器皿的戒指等首飾拿下，放到手提包中，這樣的女性看起來就更令人愉快了。

中座

中途離席

中座は，料理と料理の合間に

　食事中に席をはずすのは，せっかく盛り上がった雰囲気をこわすことになりかねません。料理が始まったら，席をはずさずにすむよう，電話などの用件はあらかじめすませておくようにします。

　やむをえずトイレなどで席をはずすときは，料理と料理の合間に中座するのがスマートです。

　ふすまは，まず引き手（金具がついているところ）に手をかけ，ほんの少しあけます。引き手にかけていた手を，今度はふすまにかけ，残りをあけます。このときに全部あけきらず，閉めるときのために少し残しておくのがポイント。これで部屋から出たとき，少し残していたふすまに手をかけて閉めていけます。最後は引き手に手をかけ，音を立てず静かに，きっちりとしめるのがマナーです。

中途離席應該在兩道料理之間

在用餐途中離席,有可能把原本已營造得相當熱絡的氣氛破壞掉。所以,應該在料理端出來之前,把打電話等雜事先處理好,免得中途必須離開座位。

至於不得不上廁所時,應該選擇在兩道料理之間前往才是聰明的作法。

在打開紙拉門之際,將手放在紙門的把手上,只打開一小部份;然後繼續再拉開紙門。但這時不要將紙門全部打開,而為關門時預留一些空間才是正確的作法。在走到門外後,亦先將紙門關上一部份,最後再拉其把手,很安靜的把門全部關好是應有的禮貌。

ほめ言葉

讃美

帰り際にお店をほめる，板前さんをほめる

　おいしい料理を味わったときは，板前さんや仲居さんに，さりげなく一声かけてあげると粋です。お客さまにおいしいといわれると，店の人たちも気分よく仕事に励めるというもの。

　ここで料理人がうれしくなる言葉を3つばかり内緒でお教えしましょう。「きれい」，「おいしい」，「素敵」がそれ。こんなちょっとした言葉で，板さんはもう有頂天なのです。

　それに，偏屈なへそ曲がりは例外として，料理人は質問されるのを喜びます。「どうして，うちではこの味が出ないのかしら？」などと聞いてごらんなさい。プロのコツや隠し味などを明かしたりするはずです。料理に関心を持ってくださるのがうれしいのです。私の店では，お客さまに

レシピをさしあげることもあります。

　ほめ上手，聞き上手のお客さまが，料理人に好かれるお客さまならば，嫌われるお客さまは？　……ウーン，申し上げにくいのですが，あえて申し上げましょう。それは，威張る人，通ぶる人です。

吃完離開前稱讚店方、讚美師傅

　　吃到美味的料理時，能很自然的向師傅或服務人員發出讚美之辭，這也可以顯現出客人的人品。而店裏的人被客人稱讚，工作起來也就更愉快有勁。

　　在此偷偷告訴你可讓餐廳人員感到高興的讚美詞吧。那就是：「好漂亮（*Kirei*）、好吃（*Oishii*）、好棒（*Suteki*）」。光是這樣短短的一句話，就可讓師傅們樂到最高點呢。

　　此外，除了被問到一些刁鑽古怪問題之外，餐廳的人通常是很喜歡回答客人的問題。不信你問他們：「為什麼在家裏做不出這種口味來？」他們應該會告訴你訣竅，甚至透露某些隱藏其中的味道。這是因為他們很高興你對料理有興趣之故。在我的店內，有時候還會把詳細作法寫出來送給客人呢。

　　如果說懂得讚美、懂得問的人是餐廳人員所喜歡的客人，那麼，什麼樣的客人是被討厭的呢？……嗯，這有些難以啟齒，但我還是告訴你吧！那就是態度高傲的人及自認是美食專家的客人。

退出

結束

スマートな退出を

　お帰りになる間際に，廊下でたむろしているお客さまの
グループをよく見かけます。連れの方がトイレを済ますの
を，他の方たちが待っているのです。

　連れの方たちをこんな目に合わせないためにも，食事が
終わったあとの歓談の時間内にトイレや化粧直しは済ませ
ておきましょう。

　そして，いよいよ歓談もおひらきとなり，部屋から退出
するときは，上座と下座の「序列」のルールを思い出して
ください。

　退出は，序列の高い順で，上座の方が先。下座に座った
ときは，上座の方が部屋を出てから退出するようにしま
す。これは部屋に入るときも同じです。優先順位を守り，
日本料理店での"有終の美"を飾りましょう。

上座

下座

漂亮的離開宴席

　　在宴席結束之際，常常可看見走廊下有許多客人聚集在一塊兒。這些人大都是在等待同伴上洗手間。

　　為了不讓自己同伴等候，上洗手間或補妝等都應該在用餐結束，賓客還在聊天的時段內先完成才好。

　　然後，當聊天也結束，準備從房間退出時，請務必要想到依「上座」、「下座」的「先後順序」再退出和室。

　　退出時，應依照「順序」的先後，「上座」者先行退出。如果你坐的是「下座」，則應等「上座」者退出後再行退出。這和進房間時的順序是相同的。請遵守先後順序，讓你的日本料理宴席畫下完美的句點。

附錄
日 本 料 理 ◆ 餐 點 名

日本料理・餐點名

中文		日本語	羅馬字
菜	單	メニュー	*Menyuu*
早	餐	<ruby>朝<rt>ちょう</rt></ruby><ruby>食<rt>しょく</rt></ruby>	*Choushoku*
午	餐	<ruby>昼<rt>ちゅう</rt></ruby><ruby>食<rt>しょく</rt></ruby>	*Chuushoku*
晚	餐	<ruby>夕<rt>ゆう</rt></ruby><ruby>食<rt>しょく</rt></ruby>	*Yuushoku*
料	理	<ruby>料<rt>りょう</rt></ruby><ruby>理<rt>り</rt></ruby>	*Ryouri*
套	餐	コース	*Kousu*
	茶	お<ruby>茶<rt>ちゃ</rt></ruby>	*Ocha*
餐	廳	レストラン	*Resutoran*
日本料理		<ruby>日<rt>に</rt></ruby><ruby>本<rt>ほん</rt></ruby><ruby>料<rt>りょう</rt></ruby><ruby>理<rt>り</rt></ruby>	*Nihon-ryouri*
宴會料理		<ruby>会<rt>かい</rt></ruby><ruby>席<rt>せき</rt></ruby><ruby>料<rt>りょう</rt></ruby><ruby>理<rt>り</rt></ruby>	*Kaiseki-ryouri*
懷石料理		<ruby>懐<rt>かい</rt></ruby><ruby>石<rt>せき</rt></ruby><ruby>料<rt>りょう</rt></ruby><ruby>理<rt>り</rt></ruby>	*Kaiseki-ryouri*
料亭 (高級日本料理)		<ruby>料<rt>りょう</rt></ruby><ruby>亭<rt>てい</rt></ruby>	*Ryoutei*
割烹料理		<ruby>割<rt>かっ</rt></ruby><ruby>烹<rt>ぽう</rt></ruby><ruby>料<rt>りょう</rt></ruby><ruby>理<rt>り</rt></ruby>	*Kappou- ryouri*

定食（簡餐）	定食	*Teishoku*
特惠午餐	サービス ランチ	*Saabisu-ranchi*
午餐	ランチ	*Ranchi*
晚餐	ディナー	*Dhinaa*
普通	並	*Nami*
中等	中	*Chuu*
上等	上	*Jou*
特高級	特上	*Tokujou*
松（套餐）	松（定食／コース）	*Matsu (Teishoku)*
竹（套餐）	竹（定食／コース）	*Take (Teishoku)*
梅（套餐）	梅（定食／コース）	*Ume (Teishoku)*
兒童套餐	お子様セット	*O-kosama Setto*
兒童午餐	子供ランチ	*Kodomo ranchi*
每日特餐	日替リメニュー	*Higawari Menyuu*
便當/飯盒	弁当（幕の内）	*Bentou(Makunouchi)*
女仕特餐	レディース コース	*Ladie's kousu*

料理類別：湯類（スープ）

中文	日本語	羅馬字
湯	吸物 すいもの	Suimono
湯	お椀 わん	Owan
湯	スープ	Suup
味噌湯	味噌汁 み そ しる	Misosiru
赤味噌湯	赤だし あか	Akadashi
味噌肉湯	とん汁 じる	Ton-Jiru
珍珠菇味噌湯	なめこ汁 じる	Nameko-Jiru

料理類別：

中文	日本語	羅馬字
前菜	前菜 ぜんさい	Zensai
下酒小菜	おつまみ	Otsumami
冷盤・前菜	オードブル	Oodoburu
沙拉	サラダ	Sarada
醬菜・黃瓜類	お新香 しん こ	Oshinko

單點料理	一品料理 (いっぴんりょうり)	*Ippin ryouri*
壽司	寿司 (すし)	*Sushi*
生魚片	刺身 (さしみ)	*Sashimi*
拌醋小品	酢の物 (すもの)	*Sunomono*
燒烤類	焼物 (やきもの)	*Yakimono*
串燒烤類	串焼 (くしやき)	*Kushi-yaki*
油炸類	揚げ物 (あもの)	*Agemono*
甜點	デザート	*Dezaato*
由店內安排料理	おまかせ	*Omakase*
飲料	飲物 (のみもの)／ドリンク	*Nomimono/Dorinku*

料理類別： 寿司類 （すし）

中文	日本語	羅馬字
壽司	寿司 (すし)	*Sushi*
捏壽司 （生魚片壽司）	にぎり寿司 (ずし)	*Nigiri(-zushi)*
壽司飯盒 （上置生魚片）	ちらし寿司 (ずし)	*Chirashi(-zushi)*

壽司卷	巻寿司	*Maki(-zushi)*
豆腐皮壽司	いなり寿司	*Inari(-zushi)*
押壽司（大阪）	押し寿司	*Oshi(-zushi)*
河童壽司卷（黄瓜）	かっぱ巻	*Kappa-maki*
鮪魚壽司卷	鉄火巻	*Tekka-maki*
鮪魚・黄瓜壽司卷	鉄かっぱ巻	*Tekappa-maki*
青葱鮪魚卷	ねぎどろ巻	*Negidoro-maki*
黄蘿蔔壽司卷	新香巻	*Shinko-maki*
梅醤紫蘇卷	梅じそ巻	*Umejiso-maki*
鮪魚卷（中肥）	中とろ巻	*Chuutoro-maki*
鮪魚卷（較肥腹肉）	大とろ巻	*Ootoro-maki*
海苔卷	太巻	*Futo-maki*
海苔卷（同上）	海苔巻	*Nori-maki*
甜乾菜卷	かんぴょう巻	*Kanpyou-maki*
納豆卷	納豆巻	*Nattou-maki*
～手卷	～手巻	～ *Temaki*

鮪魚手卷	まぐろ手巻	*Maguro-temaki*
鮭魚卵手卷	いくら手巻	*Ikura-temaki*
青蘆筍手卷	アスパラ手巻	*Asupara-temaki*
蝦仁手卷	えび手巻	*Ebi-temaki*

料理類別： 燒烤類（焼物）

中文	日本語	羅馬字
烤鷄串	焼鳥	*Yakitori*
烤鷄翅膀	手羽先	*Tebasaki*
烤鷄肉丸	つくね	*Tsukune*
烤鷄皮	鳥かわ	*Torikawa*
烤鷄胗	鳥すなぎも	*Tori-sunagimo*
烤鷄（猪）心	はつ	*Hatsu*
烤鷄（猪）腸	もつ	*Motsu*
烤肝臟	レバー	*Rebaa*
舌	タン	*Tan*

中文	日本語	羅馬字
烤茄子	焼きなす	*Nasu-yaki*
烤蘆荀培根肉	アスパラベーコン	*Asuparabeekon*
醬油入味	たれ味	*Tare-aji*
塩巴入味	塩味	*Shio-aji*

料理類別：居酒屋類（居酒屋）

中文	日本語	羅馬字
菠菜拌甜胡麻醬	ほうれん草の胡麻あえ	*Hourensou no goma ae*
日式沙拉	（和風）サラダ	*(Wafuu) Sarada*
冷豆腐	冷奴	*Hiya-yakko*
冷蕃茄	冷やしトマト	*Hiyashi-tomato*
味噌小黄瓜	もろきゅうり	*Morokyuuri*
梅醬小黄瓜	梅きゅうり	*Ume-kyuuri*
納豆	納豆	*Nattoo*
燒賣	しゅうまい シュウマイ	*Shuumai*
奶油玉米	バターコーン	*Bataakoon*

-煮	-煮込み	*-Nikomi*
茶碗蒸	茶碗蒸し	*Chawan-mushi*
煮魚	魚の煮つけ	*Sakana no nitsuke*
煮鯛魚頭（加納魚）	鯛のかぶと煮	*Tai no kabuto-ni*
煮肉	豚肉の煮物	*Butaniku no nimono*
東坡肉塊	豚肉の角煮	*Butaniku no kakuni*
牛肉燴馬鈴薯	肉じゃが	*Nikujaga*
蒸煮蔬菜	野菜の煮物	*Yasai no nimono*
季節料理	旬の煮物	*Shun no nimono*
炒牛蒡	きんぴら	*Kinpira*
炒麵	焼そば	*Yaki-soba*
炒烏龍麵	焼うどん	*Yaki-udon*
毛豆	枝豆	*Edamame*
松茸	松茸	*Matsutake*

料理類別：飯類（ご飯類）

中文	日本語	羅馬字
白飯	ご飯	Gohan
白飯	ライス	Raisu
鯛魚蒸飯（加納魚）	鯛めし	Tai-meshi
什錦菜飯	五目めし	Gomoku-meshi
土鍋蒸飯	釜めし	Kama-meshi
栗子飯	栗ご飯	Kuri- gohan
紅豆飯	赤飯	Sekihan
飯團	おにぎり	Onigiri
烤飯團	焼きおにぎり	Yaki-Onigiri
茶泡飯	お茶づけ	Ochazuke
（鮭魚）	鮭	Sake
（梅子）	梅	Ume
（海苔）	海苔	Nori
（鱈魚子）	たらこ	Tarako

雜燴粥	雑炊 （ぞうすい）	*Zousui*

料理類別：蓋飯（碗公飯）

中文	日本語	羅馬字
生鮪魚飯	鉄火丼 （てっかどん）	*Tekka-don*
牛肉燴飯	牛丼 （ぎゅうどん）	*Gyuu-don*
炸蝦飯	天丼 （てんどん）	*Ten-don*
咖哩飯	カレー丼 （どん）	*Karei-don*
鷄肉蛋飯	親子丼 （おやこどん）	*Oyako-don*
炸猪排飯	かつ丼 （どん）	*Katsu-don*
烤鷄肉飯	焼鳥丼 （やきとりどん）	*Yakitori-don*

料理類別：鰻魚類 （鰻<ruby>うなぎ</ruby>）

中文	日本語	羅馬字
鰻魚定食	うなぎ定食<ruby>ていしょく</ruby>	*Unagi-teishoku*
鰻魚蓋飯	うな丼<ruby>どん</ruby>	*Una-don*
鰻魚飯盒	鰻重<ruby>うなじゅう</ruby>	*Unajuu*
鰻魚壽司	うなぎ寿司<ruby>ずし</ruby>	*Unagizushi*
烤鰻肝	肝焼き<ruby>きもや</ruby>	*Kimo-yaki*
烤鰻（無飯）	蒲焼き<ruby>かばや</ruby>	*Kaba-yaki*
烤鰻（帶竹籤）	いかだ（焼き<ruby>や</ruby>）	*Ikada(yaki)*
烤鰻魚（塩巴入味）	白焼き<ruby>しらや</ruby>	*Shira-yaki*
鰻肝清湯	肝吸い<ruby>きもす</ruby>	*Kimosui*
鰻魚鷄蛋卷	う巻<ruby>まき</ruby>	*Umaki*

料理類別：生魚片類

中文	日本語	羅馬字
生魚片	さしみ（刺身）	Sashimi
綜合生魚片	刺身の盛り合わせ	Sashimi no moriawase
生魚肉剁	たたき	Tataki
生鮪魚山芋泥	山掛け	Yamakake
河豚生魚片	河豚刺し	Fugu-sashi

其他料理：

料理類別：日本麵（そば、うどん）

中文	日本語	羅馬字
日式陽春麵	かけそば	Kake-soba
陽春麵加炸油泡	たぬき	Tanuki
豆腐皮麵	きつね	Kitsune
陽春麵加蛋	月見そば	Tsukimi-soba
熟蛋加魚板片麵	玉子とじ	Tamago -toji
海帶芽麵	わかめ	Wakame
魚板片加草菇麵	おかめ	Okame
茶菇麵	なめこ	Nameko
山菜麵	山菜そば	Sansai-soba
鍋燒烏龍麵	鍋焼うどん	Nabeyaki-udon
壽喜燒麵	好き焼きうどん	Sukiyaki-udon
什錦麵	五目そば	Gomoku-soba
涼麵	冷やしそば	Hiyashi-soba

中國式凉麵	冷やし中華	*Hiyashi-chuuka*
手打寬麵	きしめん	*Kishi-men*
長崎白湯麵	長崎ちゃんぽん	*Nagasaki-chanpon*
竹網凉麵	ざるそば	*Zaru-soba*
素麵	そうめん	*Sou-men*
茶蕎麥麵	茶蕎麦	*Chamugi*

麵的大小

大碗	大盛り	*Oomori*
普通	並	*Nami*

料理類別：魚・海鮮類（生魚片・寿司・天婦羅的材料）

中文	日本語	羅馬字
小海貝	あさり	*Asari*
竹莢魚	あじ	*Aji*
血蛤	赤貝	*Akakai*
小海鰻	穴子	*Anago*
香魚	あゆ	*Ayu*
鮑魚	あわび・鮑	*Awabi*
鮪魚肉（中肥）	中とろ	*Chuutoro*
鮪魚肉（大肥）	大とろ	*Oo-toro*
蝦子	えび	*Ebi*
甜生蝦	甘海老	*Ama-ebi*
明蝦	車えび	*Kuruma-ebi*
草蝦	芝えび	*Shiba-ebi*
龍蝦	伊勢えび	*Isei-ebi*
紅甘魚	はまち	*Hamachi*

- 15 -

蝦虎魚	はぜ	*Haze*
文蛤	蛤 (はまぐり)	*Hamaguri*
比目魚	ひらめ	*Hirame*
鰈魚	かれい	*Karei*
扇貝	ほたて貝 (がい)	*Hotategai*
花枝	いか	*Ika*
鮭魚卵	いくら	*Ikura*
生干貝	貝柱 (かいばしら)	*Kaibashira*
螃蟹	かに・蟹 (かに)	*Kani*
鯉魚	鯉 (こい)	*Koi*
鰹魚 (柴魚)	鰹 (かつお)	*Katsuo*
黄金魚子條	数の子 (かず こ)	*Kazu no ko*
水晶魚	しらうお	*Shirauo*
河豚	河豚 (ふぐ)・ふぐ	*Fugu*

- 16 -

鮪魚	まぐろ／とろ	*Maguro /Toro*
魷魚	するめ	*Surume*
鮪魚（幼）	めじ	*Meji*
象拔蚌	みる貝	*Mirugai*
鮭魚	さけ	*Sake*
鯖魚（青花魚）	さば	*Saba*
水針魚	さより	*Sayori*
秋刀魚	さんま	*Sanma*
柳葉魚	ししゃも	*Shishamo*
蝦蛄	しゃこ	*Shako*
鱸魚	すずき	*Suzuki*
白肉魚	しろみ	*Shiromi*
鯛魚（加納魚）	鯛	*Tai*
章魚	たこ	*Tako*
海膽	うに	*Uni*
明太子	明太子	*Mentaiko*

鹹墨魚醬（花枝）	しおから・塩辛^{しおから}	*Shiokara*
鯡魚	にしん	*Nishin*

料理類別：牛肉類

中文	日本語	羅馬字
牛霜花肉	霜降^{しもふり}	*Shimofuri*
裏脊肉（菲利）	ヒレ	*Hire*
肩脊肉	ロース	*Roosu*
高級肩脊肉	上^{じょう}ロース	*Joo-roosu*
沙朗	サーロイン	*Saaroin*
帶骨小排	カルビ	*Karubi*
舌	タン	*Tan*
牛肚	ミノ／みの	*Mino*
鐵板牛排	ステーキ	*Suteeki*
松坂牛	松坂牛^{まつざかぎゅう}	*Matsuzaka-gyuu*
近江牛	近江牛^{おおみぎゅう}	*Oomi-gyuu*
神戸牛	神戸牛^{こうべぎゅう}	*Koube-gyuu*

料理類別：鉄板類　（鉄板類〔てっぱんるい〕）

中文	日本語	羅馬字
日式煎麵餅 （上置高麗菜、章魚等食材）	お好〔この〕み焼〔や〕き	*Okonomi-yaki*
鐵板燒	鉄板焼〔てっぱんや〕き	*Teppan-yaki*
串燒鐵板	串焼〔くしや〕き	*Kushi-yaki*
奶油鐵板燒	バター焼〔や〕き	*Bataa-yaki*
燒烤灑塩巴入味	塩焼〔しおや〕き	*Shio-yaki*
抹甜醬油燒烤	照〔て〕り焼〔や〕き	*Teri-yaki*
鐵板豆腐	豆腐〔とうふ〕ステーキ	*Toufu-suteeki*

料理類別：火鍋類　（鍋類〔なべるい〕）

中文	日本語	羅馬字
柳川鍋 鰻（或泥鰍、豆腐蛋鍋）	柳川鍋〔やながわなべ〕	*Yanagawa-nabe*
壽喜燒	好〔す〕き焼〔や〕き	*Sukiyaki*
涮涮鍋	しゃぶしゃぶ	*Shabu-Shabu*

海鮮鍋	寄せ鍋	*Yose-nabe*
魚頭青蔬火鍋	ちり鍋	*Chiri-nabe*
鱈魚火鍋	たら鍋	*Tara-nabe*
牡蠣火鍋	かき鍋	*Kaki-nabe*
牡蠣青菜味噌火鍋	土手鍋	*Dote-nabe*
鷄肉火鍋	みず鍋	*Mizu-nabe*
泥鰍火鍋	どじょう鍋	*Dojou-nabe*
湯豆腐	湯豆腐	*Yu-toufu*
水煮黑輪	おでん	*Oden*
燈籠魚火鍋	あんこう鍋	*Ankou-nabe*
水鴨火鍋	かも鍋	*Kamo-nabe*
甲魚火鍋	すっぽん鍋	*Suppon-nabe*
鮭魚味噌火鍋	石狩鍋	*Ishikari-nabe*
馬肉鍋	さくら鍋	*Sakura-nabe*
野猪鍋	牡丹鍋	*Botan-nabe*

中文	日本語	羅馬字
野猪肉鍋	いのしし鍋	*Inoshishi-nabe*
相撲什錦鍋	ちゃんこ鍋	*Chanko-nabe*

料理類別：油炸類（揚げ物）

中文	日本語	羅馬字
酥炸子鷄	若鳥の唐揚げ	*Wakatori no kara-age*
綜合天婦羅	天婦羅の盛り合わせ	*Tenpura no moriawase*
蔬菜天婦羅	野菜天婦羅	*Yasai-Tenpura*
酥炸蔬菜總滙	かき揚げ	*Kaki-age*
天婦羅定食	天婦羅定食	*Tenpura-teishoku*
天婦羅套餐	天婦羅コース	*Tenpura-kousu*
炸溪蝦	川えび揚げ	*Kawa ebi-age*
甜醬油浸炸豆腐	揚げ出し豆腐	*Agedashi-toufu*
炸豆腐塊	厚揚げ	*Atsu-age*
炸乳酪	チーズ揚げ	*Chiizu-age*
炸猪排	トンカツ	*Ton-katsu*

炸猪排（背脊肉）	ロースかつ	*Rousu-katsu*
炸猪排（裏脊肉）	ひれかつ	*Hire-katsu*
炸串猪排	串^{くし}かつ	*Kushi-katsu*
炸洋芋餅	コロッケ	*Korokke*
蚵仔酥	かきフライ	*Kaki-furai*
炸乳酪猪排	チーズかつ	*Chiizu-katsu*
炸猪排三明治	かつサンド	*Katsu-sando*

料理類別：　拌醋類（酢の物）

中文	日本語	羅馬字
拌醋小品	酢の物	*Sunomono*
章魚黃瓜醋	たこ酢	*Tako-su*
生海參拌醋	なまこ酢	*Namako-su*
海帶芽拌醋	わかめ酢	*Wakame-su*

譯者：鄺宗明

◎　東吳大學日語系畢

◎　日本橫濱市立大學碩士

◎　經濟日報編譯

◎　譯著有「日本鳥人」、「日本人的秘密」（漢思出版）、
　　「日本與世界經濟的交點」（聯經）等。

譯者：李永清

◎　日本上智大學外國語學部畢業

◎　淡江大學日語研究所

◎　留日七年餘，專攻日、英語

◎　曾任職廣告公司 COPYWRITER，業務主管

◎　著作有「廣告表現的科學」（朝陽堂）、譯著百餘篇，
　　「四十國語言學習法」、
　　「日本人的秘密」（漢思出版）等著作。

監修：張思本

◎　日本橫濱市立大學碩士

◎　現任東漢日語文化中心班主任

◎　發行日本系列叢書：
　　①「日本姿與心」
　　②「日語中的關鍵語」
　　③「日本鳥人」
　　④「日本人的秘密」
　　⑤「日本料理完全手冊」

◎　學習系列叢書：

新日本語發音練習帳、新日本語習字帖

四十國語言習得法、

觀光／飯店／餐飲英語、

觀光／飯店／餐飲日語。

◎　東漢日語文化中心：

    ➤　支援各大公司日語教育訓練（ＯＪＴ），

    ➤　班內日語教學；日語教材開發。

    ➤　支援會場口譯、展示會。

國家圖書館出版品預行編目資料

日本料理完全手冊：吃法、樂趣、禮儀 ＝ The
elegant art of Japanese food and manners
／ 田村暉昭〔著〕. -- 初版 . -- 臺北市：
漢思，民 86
面；　　公分
ISBN　957-99695-9-0　（精裝）

1. 飲食（風俗）－日本　2. 禮儀

538.7831　　　　　　　　　86003767

"日本料理完全手冊 "吃法、樂趣、禮儀

中華民國 86 年 6 月 1 日初版 1 刷發行　　定價新台幣240元整

發行人：張　思　本
發行所：漢思有限公司
ＴＥＬ：（02）705-5848

郵撥帳號：　1841 8738
登記證：新聞局局版台業字第6441號

總經銷：知遠文化事業有限公司
電　話：(02) 2264-8800

GAIKOKUJIN NI OSHIERU　NIHONRYOURI NO TANOSHIMI
Copyright © TERUAKI TAMURA 1995
Originally Published in Japan in 1995 by Hamano　Publishing co., Ltd
Chinese Translation right arranged through TOHAN CORPORATION, TOKYO.